COMUNA DE PARIS 150

[Cc] Expressão Popular, 2021

"Somente alguns direitos reservados. Esta obra possui a licença Creative Commons de Atribuição + Uso não comercial + Não a obras derivadas (BY-NC-ND)".

Revisão: Miguel Yoshida
Diagramação: Zapdesign
Projeto gráfico: Daniela Ruggeri, Instituto Tricontinental de Pesquisa Social
Capa: Jorge Luis Aguilar (Cuba)
Contra capa: Junaina Muhammed (India, Student Federation of India/Young Socialist Artists)
Impressão e acabamento: Vox

Dados Internacionais de Catalogação-na-Publicação (CIP)

C741   Comuna de Paris 150 / [organizadores] Vijay Prashad, Miguel Yoshida, Sudhanva Deshpande e Fernando Vicente.— 1.ed.– São Paulo : Expressão Popular, 2021.
141 p.

ISBN 978-65-5891-023-7
Vários autores.
Obra comemorativa aos 150 anos da Comuna de Paris, em conjunto com 26 editoras de 15 países diferentes, publicados em idiomas distintos.

1. França - História 2. Revoluções – História. I. Prashad, Vijay. II. Yoshida, Miguel. III. Deshpande, Sudhanva. IV. Vicente, Fernando. V. Título.

CDU 944

Bibliotecária: Eliane M. S. Jovanovich CRB 9/1250

1ª edição: maio de 2021 – 150 anos da comuna de Paris

EXPRESSÃO POPULAR
Rua Abolição, 201 – Bela Vista
CEP 01319-010 – São Paulo – SP
Tel: (11) 3112-0941 / 3105-9500
livraria@expressaopopular.com.br
www.expressaopopular.com.br
 ed.expressaopopular
 editoraexpressaopopular

Batalla de Ideas (Argentina)
www.batalladeideas.com.ar

 Bharathi Puthakalayam (India)
www.thamizhbooks.com

 Centro Social y Librería Proyección (Chile)

 Chintha (India)
www.chinthapublishers.com

 Editorial Caminos (Cuba)
ww.ecaminos.org

 El Colectivo (Argentina)
www.editorialelcolectivo.com

 Expressao Popular (Brasil)
www.expressaopopular.com.br

 Fondo Editorial Fundarte (Venezuela)
www.fundarte.gob.ve

 Idea (Romania)

 Gonoprokashon (Bangladesh)

 Janata Prasaran Tatha Prakashan
Public Limited (Nepal)

 Insituto Simón Bolívar (Venezuela)
www.isb.ve

 Janashakti Prakashan (India)

 Kriya Madyama (India)

LeftWord LeftWord (India)
www.mayday.leftword.com

NAKED PUNCH Naked Punch (Pakistan)
www.nakedpunch.com

NBA National Book Agency
www.nationalbookagency.com

MARJIN KIRI Marjin Kiri (Indonesia)
www.marjinkiri.com

 Nava Telangana (India)
www.navatelanganabooks.com

 Ojas: Vidyarthi Ni Pahel (India)

PSBH Prajasakti (India)
www.psbh.in

RED STAR PRESS Red Star Press (Italy)
www.redstarpress.it

SH Studia Humanitatis (Slovenia)
www.studia-humanitatis.si

 Tricontinental. Institute of Social Research
www.thetricontinental.com

 Vam Prakashan (India)
mayday.leftword.com/vaam-prakashan/

Yordam Kitab (Turkey)

ZALOŽBA *cf. Založba /*cf (Slovenia)
www.zalozbacf.si

Sumário

7 | **Nota editorial**

11 | **Introdução: Abrindo as portas para a utopia**
Vijay Prashad

25 | **Uma flor brilhante**
Tings Chak

29 | **A guerra civil na França – Mensagem do Conselho Geral da Associação Internacional dos Trabalhadores**
Karl Marx

99 | **O Estado e a revolução: a experiência da Comuna de Paris (1871) – análise de Marx**
V. I. Lenin

123 | **Assembleia dos artistas**

131 | **Resolução**
Bertolt Brecht

Nota editorial

Para Alípio Freire, um imprescindível
In memorian

Entre 18 de março e 28 de maio de 1871, pela primeira vez na história, trabalhadores e trabalhadoras tomaram o poder do Estado e demonstraram, na prática, ser possível inaugurar uma nova forma de organização social e política. Duramente reprimida pelas classes dominantes francesas, essa experiência proletária de 72 dias, conhecida como Comuna de Paris, foi – e segue sendo – fonte de inspiração e aprendizado para as experiências revolucionárias levadas a cabo pela classe trabalhadora em todo o mundo.

Para celebrar os 150 anos da Comuna de Paris, um conjunto de 26 editoras de 15 diferentes países – construindo laços de solidariedade internacionalista – preparou este volume, publicado em 18 idiomas (português, espanhol, inglês, esloveno, indonésio, italiano, urdu, bangla, malayalam, tamil, telugu, hindi, gujarati, marathi, kanada, turco, romeno e nepali).

Neste livro, resgatamos o clássico texto de Karl Marx analisando a experiência da comuna (*A guerra civil na*

França) e a interpretação de Lenin escrita no calor dos acontecimentos da revolução de outubro (o capítulo III d'*O Estado e a revolução*). Além disso, procuramos jogar luz à relevância que o tema da cultura e das artes, como parte fundamental de uma nova organização social, tinha para a Comuna. Nesse sentido, publicamos o manifesto da Federação dos Artistas da Comuna, dirigida pelo renomado artista Gustave Courbet, um poema de Bertolt Brecht, composto como parte da peça *Dias da comuna* e a canção, escrita por Eugène Pottier – também membro da Federação dos Artista –, que inspirou e inspira a luta dos trabalhadores no mundo todo: *A Internacional*.

Todo o processo desta publicação – contando com a seleção dos textos, a tradução, o projeto gráfico e a capa – foi uma construção coletiva. Chamamos a atenção aqui para a escolha da capa: ela é resultado de uma convocação feita pelo Instituto Tricontinental de Pesquisa Social a artistas de todo o mundo para preparar uma arte que rememorasse e celebrasse os 150 anos da Comuna; foram recebidas mais de 50 propostas, vindas de 18 países diferentes, que constituirão uma exposição *on-line* em memória da Comuna. A escolha da arte da capa foi realizada pelo coletivo responsável pela publicação.

Dessa maneira, procuramos mais do que manter vivo o legado teórico da Comuna, que nas palavras de Marx foi "essencialmente um governo da classe operária, o produto da luta da classe produtora contra a apropriadora, a forma política, finalmente descoberta, com a qual se realiza a emancipação econômica do trabalho". Queremos também fazer presente a prática que nos possibilitará derrubar o domínio do capital e construir uma sociedade em que "sejamos tudo, ó produtores": a partir da organização, do trabalho coletivo e solidário e do internacionalismo. Re-

Nota editorial

cordamos também as palavras de Lenin quando, em 1908, trata dos ensinamentos da comuna:

> a Comuna é o modelo mais grandioso do mais grandioso movimento proletário do século XIX. [...] agitou profundamente o movimento socialista de toda a Europa, revelou a força da guerra civil, dissipou as ilusões patrióticas e acabou com a fé ingênua nas aspirações nacionais da burguesia. A Comuna ensinou o proletariado europeu a pôr de uma forma concreta as tarefas da revolução socialista. O proletariado não esquecerá a lição recebida. A classe operária a aproveitará [...]

Agradecemos a contribuição militante de Dafne Melo, tradutora dos textos de Vijay Prashad e de Tings Chak; de Sieni Campos, responsável pela tradução da "Assembleia dos artistas"; e de Pedro Mantovani e José Antonio Pasta Jr. que realizaram uma nova tradução do poema de Bertolt Brecht especialmente para essa publicação.

Viva a Comuna!

São Paulo, maio de 2021
150 anos da Comuna de Paris.

Introdução: Abrindo as portas para a utopia

Vijay Prashad

Durante 72 dias, em 1871, o povo de Paris abriu as portas para a utopia. Diante de uma classe dominante que levou a França a uma guerra catastrófica e à subserviência à Prússia, os trabalhadores parisienses decidiram armar barricadas, estabelecer seu próprio governo com seus próprios princípios democráticos e tentar resolver os problemas que a classe dominante havia criado. Karl Marx escreveu em uma carta a seu amigo Kugelmann em 12 de abril de 1871:

> Que elasticidade, que iniciativa histórica, que capacidade de sacrifício desses parisienses! Depois de seis meses de fome e ruína, causada mais pela traição interna que pelo inimigo externo, eles levantam-se, por sobre as baionetas prussianas, como se nunca houvera uma guerra entre a França e a Alemanha e o inimigo não estivesse às portas de Paris. A história não tem exemplo semelhante de tamanha grandeza. (Marx, 1997, p. 310)

Esses trabalhadores parisienses caminharam pelas ruas como herdeiros da Revolução Francesa de 1789 e do levante de 1848. Em cada um desses momentos, os trabalhadores alcançaram os céus, na esperança de criar um mundo projetado e governado pelos trabalhadores do mundo. Mas, em ambos casos, o levante lhes foi arrancado, seja por terem sido enganados por uma classe pequena, mas poderosa – a burguesia –, que usou a insurreição das massas para seus próprios interesses, seja pela violência armada do Estado mobilizada pelo governo de seus inimigos de classe (entre eles a burguesia). Napoleão I e Napoleão III se tornariam os instrumentos dos poderosos contra as aspirações de muitos (cf. Marx, 2015). As derrotas de 1789 e 1848 não detiveram os trabalhadores, que sabiam que a luta em 1871 seria difícil. Esta terminaria em derrota, com mais de 100 mil homens e mulheres mortos pela implacável burguesia francesa.

Bandeira vermelha sobre o Hôtel de Ville

Essa experiência de 72 dias ficou conhecida como Comuna de Paris. Foi chamada de "comuna" porque, em 1792, os revolucionários organizaram suas cidades em enclaves territoriais que desenvolveram princípios de autogoverno local. Foi por conta dessa tradição de governo popular que o levante de Paris foi assim nomeado. Em cada *arrondissement* [distrito] de Paris, os *communards* estabeleceram um Comitê de Vigilância, que enviou quatro membros ao Comitê Central de toda a Comuna. Os representantes de Paris provinham da classe trabalhadora, em particular dos vários movimentos revolucionários das décadas anteriores a 1871. Esse Comitê Central exigia a eleição dos funcionários municipais, o controle da polícia pelos órgãos eleitos, eleição dos membros do judiciário, liberdade de imprensa e de manifestação pública e que civis pudessem se armar para defender a cidade (Rougerie, 2004; 2014).

Abrindo as portas para a utopia

A Comuna começou como um gesto patriótico, uma forma de defender Paris do exército prussiano. Rapidamente, porém, assumiu um caráter mais radical e democrático como consequência do ânimo popular e da influência dos grupos revolucionários. Prosper-Olivier Lissagaray, que escreveu um relato detalhado da Comuna, da qual era membro, observou que aqueles que ascenderam a altos cargos na Comuna eram "desconhecidos", o que permitiu que ela fosse "universal, não sectária e, portanto, poderosa". Em 19 de março, um dia após o início da revolução da Comuna, Lissagaray escreveu: "A bandeira vermelha tremula no Hôtel de Ville. O exército, o governo e a administração se evaporaram com as brumas matinais. Das profundezas do *faubourg* Saint-Antoine, da obscura rue Bastrol, o Comitê Central é projetado à cabeça de Paris, em pleno sol do mundo." (Lissagaray, 2021).

O Comitê Central realizou eleições para os vários órgãos da comuna em 27 de março. No dia seguinte, escreve Lissagaray, os membros eleitos tomaram posse.

> No dia seguinte, 200 mil 'miseráveis' foram ao Hôtel de Ville dar posse a seus eleitos. Os batalhões, ao som dos tambores, com a bandeira coroada do boné frígio e a franja vermelha no fuzil, aos quais se somavam os infantes, artilheiros e marinheiros fiéis a Paris, desceram por todas as ruas até a place de Grève como afluentes de um rio gigantesco. (Lissagaray, 2021)

Os funcionários eleitos marcharam, com seus lenços vermelhos sobre os ombros. Os eleitos para vários órgãos locais tinham mandatos precisos e inclusive poderiam ser revogados livre e imediatamente se não funcionassem de acordo com a vontade popular. Gabriel Ranvier, um pintor de porcelana e um oficial eleito da Comuna, disse: "Em nome do povo, é proclamada a Comuna". *Vive la Commu-*

ne!, gritavam as pessoas. "Os quepes dançam na ponta das baionetas, as bandeiras fustigam o ar", lembra Lissagaray. "Os corações saltam, os olhos brilham, marejados de lágrimas". Os agentes da contrarrevolução correram para dizer aos seus chefes em Versalhes: "Era mesmo toda Paris!" (Lissagaray, 2021).

O caráter proletário da Comuna

Os decretos da Comuna de Paris mostram claramente o caráter proletário de sua administração: fábricas abandonadas deveriam ser ocupadas e geridas pelos trabalhadores; as multas aplicadas aos trabalhadores foram abolidas; o trabalho noturno foi proibido nas padarias; e propriedades da Igreja foram tomadas para uso social. As casas de penhores, que davam uma espécie de segurança para os trabalhadores, foram transformadas. "Fica bem claro que à liquidação da Casa Municipal de Penhor deve suceder uma organização social que dê, aos trabalhadores, garantias reais de socorro e apoio em caso de desemprego. A implantação da Comuna prescreve novas instituições reparadoras que protejam o trabalhador da exploração do capital" (cf. Lissagaray, 2021), escreveram os *communards*.

A conduta da Comuna era que todos os membros das classes trabalhadoras, incluindo os camponeses pobres, deveriam ser incorporados à nova sociedade – mesmo aqueles que haviam lutado contra a Comuna. O chefe do Departamento de Segurança Pública anunciou que "a Comuna ofereceu pão a 92 mulheres daqueles que nos matam. Não há bandeira para as viúvas. A república tem pão para todas as miseráveis e beijos para todos os órfãos" (Lissagaray, 2021). Madame André Léo, da Associação Internacional dos Trabalhadores, escreveu em seu manifesto aos camponeses no

Abrindo as portas para a utopia

interior: "Irmão, estás sendo enganado. Nossos interesses são os mesmos. O que peço, tu também queres; a libertação que reclamo é a tua [...]. Afinal, o que Paris quer é a terra para o camponês, a ferramenta para o operário" (Lissagaray, 2021).

Karl Marx disse em uma mensagem para a Associação Internacional dos Trabalhadores, dois dias após a queda da Comuna (em texto que está presente neste livro), "Ela era essencialmente um governo da classe operária, o produto da luta da classe produtora contra a apropriadora, a forma política, finalmente descoberta, com a qual se realiza a emancipação econômica do trabalho" (ver, adiante, p. 63).

Os funcionários dos vários departamentos descobriram que o Império os administrava de maneira ineficiente e começaram a torná-los produtivos. Zéphyrin Camélinat, um montador de bronze, organizou a Casa da Moeda, enquanto Albert Theisz, um entalhador, resolveu o caos nos correios (Camélinat se tornaria o candidato presidencial do Partido Comunista da França em 1924). Há outros nomes que puseram suas mãos calejadas para desfazer a desordem deixada pela burguesia, entre eles: Jean-Baptiste Treilhard, no Departamento de Assistência Pública; Jules Fontaine, nos Correios; Marius Faillet e Amédée Combault, no Departamento de Tributação, Louis-Guillaume Debock, na Imprensa Nacional. Elisée Reclus e Benjamin Gastineau reorganizaram a Biblioteca Nacional para que fosse usada pelo povo, enquanto Gustave Courbet, que supervisionava a Federação dos Artistas, abriu os museus para a fruição popular. O trabalho dessas pessoas, ao longo de apenas alguns meses, mostrou a eficiência do governo proletário, a capacidade daqueles com sujeira sob as unhas de administrar departamentos de acordo com o interesse de toda a sociedade, não apenas de alguns.

Os limites da Comuna

Esses líderes da Comuna tinham origens políticas diversas. Havia seguidores de Louis Auguste Blanqui, de Pierre-Joseph Proudhon e de Louise Michel; apenas alguns eram seguidores de Marx e integravam a Internacional. A partir de seus vários pontos de vista, os membros da Comuna demandaram uma série de reformas, mas o que lhes faltava era um programa de ação amplo e claro.

A falta de tal programa ficou evidente em relação ao Banco da França. Conforme registra Lissagaray, "Desde 19 de março, os diretores do Banco esperavam todos os dias o confisco de seu cofre". Centenas de milhões de francos estavam em seu túmulo, uma riqueza tão grande que os banqueiros não podiam sequer imaginar transferi-la para os confins seguros do território da contrarrevolução em Versalhes. A pressão foi tanta que, no dia 23 de março, o diretor do banco, Gustave Rouland, fugiu de Paris. Ele deixou o banco nas mãos do vice-diretor, Alexandre de Plœuc. De Plœuc entendeu os limites dos líderes eleitos da Comuna, muitos dos quais ficaram deslumbrados com os dados e números que ele divulgou. Ele liberou pouco dinheiro para a Comuna, "franco a franco", mesmo sabendo que o banco tinha riqueza suficiente para expandir o trabalho da Comuna e consolidá-la contra o fracasso.

Charles Beslay, membro da Associação Internacional de Trabalhadores e integrante mais antigo do governo da Comuna de Paris, foi falar com de Plœuc, que lhe disse que o banco detinha a "fortuna de seu país" e deveria ser tratado como sacrossanto, mais precioso do que a propriedade das igrejas que haviam sido expropriadas. Beslay voltou às pressas para seus camaradas no Hôtel de Ville com essa nota de rendição: "O Banco da França é a fortuna do país; sem ele,

Abrindo as portas para a utopia

não há mais indústria, não há mais comércio; se o violardes, todos os seus títulos irão à falência" (Lissagaray, 2021). A Comuna não teve coragem de ocupar o banco, colocá-lo sob controle democrático e usar sua riqueza para o bem social. Engels (2015, p. 352) escreveu mais tarde que "O mais difícil de compreender é, certamente, o sagrado respeito com que se ficou reverenciosamente parado às portas do Banco da França". A principal explicação é que as formas de socialismo utópico que dominavam a Comuna não lhes permitiu entender a necessidade de subordinar as finanças à democracia; de transplantar o coração pulsante da burguesia para as mãos do proletariado.

Esmagar o Estado

A reverência ao Banco da França veio com a crença nas estruturas do Estado francês. Em 12 de abril de 1871, Marx lembrou a Kugelmann o que ele havia dito em *O 18 Brumário de Luís Bonaparte*; a saber: que após a Revolução de 1789, a próxima tentativa de criar uma revolução "não será mais, como antes, de transferir a máquina burocrática militar de uma mão para outra, e sim de *esmagá-la*" (Marx, 1997, p. 310, grifo do autor).

A rigidez de classe se calcificou nas instituições do Estado, hábitos dos funcionários tão lamentáveis quanto as regras e regulamentos dos escritórios. Em 72 dias, essas mudanças não poderiam ser implementadas, mas a Comuna sequer tentou. Após sua queda, Marx escreveu à Internacional: "Mas a classe operária não pode apossar-se simplesmente da maquinaria de Estado já pronta e fazê-la funcionar para os seus próprios objetivos" (ver adiante, p. 56). Essa máquina acabará sendo o Cavalo de Troia da contrarrevolução, advertiu, já que não se dobrará à vontade popular, independentemente das melhores intenções do novo governo. Engels destacou esse ponto em seu prefácio de 1891:

> A Comuna teve mesmo de reconhecer, desde logo, que a classe operária, uma vez chegada à dominação, não podia continuar a administrar com a velha máquina de Estado; que essa classe operária, para não perder de novo a sua própria dominação, acabada de conquistar, tinha, por um lado, de eliminar a velha maquinaria de opressão até aí utilizada contra si própria, mas, por outro lado, de se precaver contra os seus próprios deputados e funcionários, ao declarar estes, sem qualquer exceção, revogáveis a todo o momento. (Engels, 2015, p. 354-356)

Então, Engels concluiu em uma reflexão precisa e teórica:

> Mas esses órgãos, cuja cúpula é o poder de Estado, tinham se transformado com o tempo, ao serviço dos seus próprios interesses particulares, de servidores da sociedade em senhores dela. Como se pode ver, por exemplo, não simplesmente na monarquia hereditária mas igualmente na república democrática. (Engels, 2015, p. 354-356)

Duas décadas depois, durante a Revolução de Outubro de 1917, V. I. Lenin releu a mensagem de Marx sobre a Comuna e refletiu sobre os perigos da máquina estatal herdada. As velhas instituições do Estado – e não o sistema parlamentar, escreveu Lenin – tinham de ser destruídas e substituídas por novas formas de governo proletário. Durante a Revolução de 1905 contra o império tsarista, os trabalhadores russos criaram uma forma de governo e administração representativa chamada soviete. Em 1908, escrevendo sobre a Comuna e sobre a Revolução Russa de 1905, Lenin (1977) escreveu: "A Comuna ensinou o proletariado europeu a colocar concretamente as tarefas da revolução socialista"; uma revolução tinha que enfrentar as aspirações imediatas da democracia e atender às necessidades humanas. O Soviete avançou na forma da Comuna, embora a própria Comuna tivesse feito avanços imensos. Em O *Estado e a revolução*,

Abrindo as portas para a utopia

Lenin refletiu sobre os procedimentos democráticos da Comuna:

> Assim, a Comuna 'contentava-se', por assim dizer, em substituir a máquina do Estado destruída por uma democracia mais completa: supressão do exército permanente, elegibilidade e amovibilidade de todos os funcionários. Na realidade, ela 'contentava-se', assim, em substituir – obra gigantesca – certas instituições por outras instituições essencialmente diferentes. É esse, justamente, um caso de 'transformação de quantidade em qualidade': a democracia, realizada tão plenamente e tão metodicamente quanto é possível sonhar-se, tornou-se proletária, de burguesa que era; o Estado (essa força destinada a oprimir uma classe) transformou-se numa coisa que já não é, propriamente falando, o Estado. (ver, adiante, p. 105)

Refletindo sobre a Comuna para Kugelmann, Marx escreveu: "A história não tem exemplo de tamanha grandeza" (Marx, 1997, p. 310). Mas aqui ele estava errado. As lutas da classe trabalhadora contra o capitalismo estão repletas de exemplos de tentativas heróicas e criativas de substituir o governo repressivo e estabelecer novas formas democráticas. No final do século XVIII, a classe trabalhadora no Haiti se revoltou e se emancipou da dominação das *plantations* capitalistas; eles tentaram criar novas formas de governança, algumas delas inspiradas pelos modelos dos "*marrons*" criados pelo povo escravizado que fugiu e estabeleceu suas próprias comunidades igualitárias. Essas experiências enriquecem nossa compreensão da tendência à organização democrática em meio às revoltas proletárias. Há uma linha que conecta a experimentação do Haiti (1804) e a Comuna de Xangai (1927). Todos esses são exemplos a serem detidamente estudados para que possamos ter maior clareza sobre as limitações da dinâmica das revoluções proletárias e estudar como construir melhor a democracia proletária.

Revolução interrompida

Quando os trabalhadores tomaram Paris, eles não confiscaram o Banco da França. Tampouco reuniram suas consideráveis forças e marcharam sobre Versalhes para forçar a rendição do governo burguês. Tendo permitido que a administração de Adolphe Thiers permanecesse no comando, a Comuna de Paris deu início à sua própria destruição. Isso deixou Marx furioso em meados de abril, poucas semanas depois do início da Comuna. Ele escreveu a Kugelmann no dia 12 de abril de 1871:

> Se eles forem derrotados, apenas se poderá censurar seu 'bom caráter'. Eles deviam ter marchado imediatamente sobre Versalhes depois que Vinoy, primeiro, e em seguida a seção reacionária da Guarda Nacional de Paris se retiram. O momento preciso foi perdido por causa de escrúpulos de consciência. Eles não queriam *começar a guerra civil*, como se esse nocivo *aborto* Thiers já não a houvesse iniciado com sua tentativa de desarmar Paris. (Marx, 1997, p. 310-311)

A inação da Comuna permitiu que Thiers levasse o governo reacionário e as Forças Armadas para Versalhes. Os *communards* não deveriam ter permitido que as tropas de Versalhes partissem de Paris; se os tivesse retido na cidade, é possível que a Comuna tivesse conquistado o apoio da maioria dos soldados. Mas isso não aconteceu.

Essa lição ficou marcada em outros revolucionários. Após a Revolução de Outubro, os jovens soviéticos estabeleceram o Exército Vermelho Operário e Camponês para defender sua tomada do poder contra as velhas classes reacionárias e os exércitos imperialistas; estava claro que a revolução seria destruída, a menos que as forças revolucionárias construíssem sua força e fragmentassem a oposição. Essa foi uma lição importante aprendida nas ruínas da Comuna de Paris.

Abrindo as portas para a utopia

Thiers e seu governo reacionário negociaram com os prussianos para recuperar os soldados franceses capturados, remontar seu exército e atacar Paris. Os *communards* construíram barricadas e se prepararam para o eventual ataque. Quando este ocorreu, entre 22 e 28 de maio, não conseguiram manter o controle sobre a cidade. Cada rua se tornou um campo de batalha, mas, a cada batalha, os *communards* tiveram que recuar cada vez mais em sua cidade perdida. O exército da burguesia foi brutal, matando os *communards* onde estivessem, lavando as ruas com sangue. Lissagaray escreveu que o exército de Versalhes "se transformou em um imenso pelotão de fuzilamento" (Lissagaray, 2021). Em Montmartre, o batalhão de mulheres da comuna manteve sua posição por horas. As tropas do general Justin Clinchant as fulminaram e capturaram o líder dos *communards* da área, que foi colocado diante das tropas de Versalhes. "Quem é você?", perguntou o oficial comandante. "Lévèque, operário pedreiro, membro do Comitê Central", foi a resposta. O comandante bufou, "Ah! Agora são os pedreiros que querem comandar!". Esse era o nível de desprezo da burguesia. Lévèque levou um tiro no rosto.

O exército conduziu os *communards* capturados ao cemitério Père Lachaise, onde foram alinhados e fuzilados. O general Gaston Alexandre Auguste, marquês de Galliffet, dirigiu essas tropas para o assassinato. Mais tarde, ele seria enviado à Argélia, para onde levou suas habilidades brutais praticadas contra os *communards* para apoiar as aspirações imperiais francesas no norte da África. No cemitério, o "Muro dos *communards*" parece ainda estar manchado com o sangue deles, os buracos de bala ainda visíveis 150 anos após o massacre. Em uma semana, as forças de Versalhes assassinaram 40 mil parisienses. Segundo Lissagaray (2021):

Como o sepultamento desse exército de mortos ultrapassava todas as forças, tentaram dissolvê-los. As casamatas tinham sido atulhadas de cadáveres; espalharam substâncias incendiárias e improvisaram fornos crematórios; o resultado foi um lamaçal. Nas colinas Chaumont, foi erguida uma fogueira descomunal encharcada de petróleo e, durante dias a fio, uma fumaça espessa e nauseabunda coroou os cimos.

Adolphe Thiers examinou as ruas encharcadas de sangue e declarou: "O solo de Paris está coberto com seus cadáveres. Podemos esperar que este terrível espetáculo ainda possa ser uma lição para aqueles insurgentes que ousaram se declarar partidários da Comuna de Paris". Isso foi no dia 25 de maio. Três dias depois, em 28 de maio, a Comuna caiu.

Cada derrota é uma lição para a classe trabalhadora

A Comuna durou apenas dois meses. Sobre os corpos dos *communards*, a burguesia da França construiu uma enorme catedral, a *Sacré Coeur* ("sagrado coração"). Foi construída, disse a Igreja Católica, para "expiar os crimes da Comuna de Paris". Hoje, não há nenhuma menção à história grotesca que se assenta sob este enorme edifício com sua vista para Paris. A visão burguesa sobre a Comuna trata o levante como um pecado e culpa os *communards* por suas próprias mortes. Mas a revolta não matou a si mesma; foi morta pela burguesia vingativa que procurou arrancar a soberania duramente conquistada das mãos da classe trabalhadora e restabelecer sua ordem para beneficiar a si mesma. Os avanços democráticos da Comuna de Paris foram deixados de lado, sua memória apagada sob a catedral.

Em seu prefácio à compilação de cartas de Marx a Kugelmann, Lenin escreveu: "Marx sabia reconhecer que havia

Abrindo as portas para a utopia

momentos na história em que uma luta das massas, mesmo em uma causa sem esperança, era necessária para o bem da educação futura dessas massas e sua formação para a próxima luta". A lição da Comuna não foi apenas para os trabalhadores parisienses ou para a França, mas uma lição para a classe trabalhadora internacional, para nossa formação em nossas próprias lutas para superar os dilemas da humanidade e avançar em direção ao socialismo. Refletindo sobre a Comuna de Paris em 1911, no quadragésimo aniversário do levante, Lenin escreveu: "A causa da Comuna é a causa da revolução social, é a causa da completa emancipação política e econômica dos trabalhadores, é a causa do proletariado mundial. E, nesse sentido, é imortal" (Lenin, 2017).

Referências

ENGELS, F. Introdução à edição de 1891. *In: A revolução antes da revolução, v. II*. São Paulo: Expressão Popular, 2015.

LENIN, V. I. Em memória da Comuna. Publicado originalmente em *Rabochaya Gazeta*, n. 4-5, 15 de abril de 1911. Disponível em: https://blogdaboitempo.com.br/2017/09/07/lenin-em-memoria-da-comuna/. Acesso em: 2 abr. 2021.

LENIN, V. I. *O estado e a revolução*. São Paulo: Expressão Popular, 2010.

LENIN, V. I. Os ensinamentos da comuna. Publicado originalmente em *Zagranitchnaya Gazeta*, n. 2, 23 de março de 1908. Disponível em: https://www.marxists.org/portugues/lenin/1908/03/23.htm. 1977. Acesso em: 19 abr. 2021.

LENIN, V. I. Prefácio à edição russa de Cartas a Kugelmann. *In: O 18 brumário e cartas a Kugelmann*. Rio de Janeiro: Paz e Terra, 1997.

LISSAGARAY, Prosper-Olivier. *História da Comuna de 1871*. São Paulo: Expressão Popular, 2021.

MARX, K. Carta a L. Kugelmann de 12 de abril de 1871. *In: O 18 brumário e cartas a Kugelmann*. Rio de Janeiro: Paz e Terra, 1997.

MARX, Karl. *A revolução antes da revolução*, v. II, São Paulo: Expressão Popular, 2015.

ROUGERIE, Jacques. *La Commune de 1871*. Paris: Presses universitaires de France, 2014

ROUGERIE, Jacques. *Paris libre 1871*. Paris: Editions du Seuil, 2004.

Uma flor brilhante

Tings Chak

Em 16 de maio de 1871, a Coluna de Vendôme – o monumento ao imperialismo da era napoleônica – foi derrubada. Os *communards* rebatizaram a praça de *Place Internationale* [Praça Internacional].

Quase duas décadas antes, Karl Marx escreveu em seu visionário *O 18 Brumário de Luís Bonaparte* (2015, p. 338): "Mas quando o manto imperial cair finalmente sobre os ombros de Luís Bonaparte, a estátua de bronze de Napoleão tombará do alto da coluna de Vendôme". E tombou.

Entre os líderes por trás de seu colapso estava o pintor socialista francês e *communard* Gustave Courbet (1819-1877), conhecido por criar obras que privilegiavam o suor dos camponeses e não o luxo da vida burguesa. A vida e a obra de Courbet foram marcadas por dois eventos históricos: a Revolução Francesa de 1848, na qual a classe trabalhadora emergiu como uma força por direito próprio, e a Comuna de Paris de 1871. Durante a Comuna – "o belo sonho", como ele a chamou –, Courbet foi eleito o presidente fundador da Federação dos Artistas e ministro da Cultura do Estado liderado pelos trabalhadores. Por esse ato anti-imperialista, foi preso por seis meses e se viu endividado por multas até sua morte.

Durante a vida da Comuna, a Federação elaborou e debateu propostas sobre educação e estética, métodos e organização, e promoveu a derrubada de antigos monumentos para erigir novos. Eles sabiam profundamente que a batalha proletária era também uma batalha pela cultura e seus fundamentos ideológicos e institucionais, e que os artistas deveriam ser reinventados como militantes no processo revolucionário.

"Escute: deixe-nos seus canhões Krupp, vamos derretê-los com os nossos", Courbet escreveu ao exército alemão e aos artistas meses antes do levante em Paris. "O último canhão, com a boca voltada para cima e coberta por um barrete frígio, plantado em um pedestal apoiado em três balas de canhão; aquele colossal monumento que erigiremos juntos na praça Vendôme será a nossa coluna, para você e para nós, a coluna do povo". Para eles, os símbolos do antigo deveriam ser substituídos pelo novo, "a inauguração da riqueza comunal" para os trabalhadores do mundo.

Quarenta e sete pintores, escultores, arquitetos, entalhadores e artistas decorativos se reuniram para declarar sua missão, para preservar os tesouros do passado e iluminar as necessidades do presente a fim de regenerar o futuro por meio da educação, dos monumentos e dos museus. Entre os membros fundadores da Federação dos Artistas estava o poeta Eugène Pottier. Diante do massacre sangrento que encerrou o Estado dos trabalhadores que durou 72 dias, em 28 de maio de 1871, Pottier escreveu um poema. Suas palavras se tornariam um dos hinos mais amplamente cantados pelos oprimidos em todo o mundo: *L'Internationale* [A Internacional]. Nas páginas deste livro, você encontrará seus versos em algumas das incontáveis línguas em que essa canção é cantada para encorajar as nossas lutas desde então. Aqui unidas, essas versões compõem a música em sua totalidade, mantendo-se fiéis à sua intenção internacionalista.

Meio século depois daquele massacre sangrento, 10 mil trabalhadores e camponeses chineses se reuniram na província meridional de Guangdong no 55º aniversário da Comuna de Paris. Inspiradas pela Comuna, as alianças construídas entre camponeses, operários e soldados revolucionários levaram a vários levantes em 1927, marcando uma virada no processo revolucionário do país. No ato de comemoração, apesar das chuvas, eles cantaram *A Internacional* e *Vive la Commune de Paris!* [Viva a Comuna de Paris!]. Em vez de se concentrar na derrota da Comuna, Mao Zedong a celebrou: se a Comuna de Paris foi uma "flor brilhante", disse ele, então a Revolução de Outubro foi o "fruto feliz". Ele escreveu isso apenas 23 anos antes de liderar seu povo e seu país rumo à revolução.

Nas páginas deste livro, você encontrará alguns materiais culturais que indicam esse legado, que é nosso, por meio de palavras, imagens e canções. Das ruínas de impérios anteriores, lembramos nossa "flor brilhante", da qual mais frutas podem – e têm conseguido – nascer. Afinal, como Brecht escreveu na música *Revolução dos communards*, "nosso futuro deve ser construído por nossos ditames", com a arte do povo como monumentos da luta para inaugurar esse futuro.

A guerra civil na França – Mensagem do Conselho Geral da Associação Internacional dos Trabalhadores[1]

Karl Marx

*A todos os membros da Associação
na Europa e nos Estados Unidos*

I

Em 4 de setembro de 1870, quando os operários de Paris proclamaram a república, que foi quase instantaneamente aclamada através da França, sem uma só voz discordante, uma cabala de advogados à caça de lugares, com Thiers como seu homem de Estado e Trochu como seu general, tomou o Hôtel de Ville. Estavam nesse momento imbuídos de uma fé tão fanática na missão de Paris para representar a França em todas as épocas de crise histórica, que julgaram suficiente, para legitimar os seus títulos como governantes da França, apresentar os seus mandatos caducados de representantes de

---

[1] Texto extraído de: Marx, K. *A revolução antes da revolução*. v. II. São Paulo: Expressão Popular, 2015, p. 377-442

Paris. Na nossa segunda mensagem sobre a última guerra, cinco dias após o advento desses homens, dissemo-vos quem eles eram. Contudo, na agitação da surpresa, com os verdadeiros dirigentes da classe operária ainda fechados nas prisões bonapartistas e os prussianos já em marcha sobre Paris, a capital tolerou que tomassem o poder na condição expressa de ser exercido com o único propósito de defesa nacional. Paris, entretanto, não tinha defesa sem armar a sua classe operária, sem a organizar numa força efetiva e sem treinar as suas fileiras na própria guerra. Mas Paris armada era a revolução armada. Uma vitória desta sobre o agressor prussiano teria sido uma vitória do operário francês sobre o capitalista francês e os seus parasitas de Estado. Nesse conflito entre dever nacional e interesse de classe, o Governo de Defesa Nacional não hesitou um momento sequer em se tornar um governo de traição nacional.

O primeiro passo que deram foi o de enviar Thiers em peregrinação por todas as cortes da Europa para ali pedir mediação oferecendo a troca da república por um rei. Quatro meses após o começo do cerco, quando julgaram haver chegado o momento oportuno para atirar a primeira palavra de capitulação, Trochu, na presença de Jules Favre e de outros seus colegas, dirigiu-se nestes termos aos administradores de bairro de Paris reunidos:

> A primeira pergunta que me puseram os meus colegas, na própria noite do 4 de setembro, foi esta: pode Paris, com alguma probabilidade de êxito, suportar um cerco e resistir ao exército prussiano? Não hesitei em responder negativamente. Alguns dos meus colegas que me escutam podem certificar que digo a verdade e que não mudei de opinião. Expliquei-lhes, nesses mesmos termos, que seria uma loucura, no estado atual das coisas, tentar sustentar um cerco contra o exército prussiano. Sem dúvida, acrescentei, seria uma loucura heroica, mas é tudo [...].

Os acontecimentos (dirigidos por ele próprio) não desmentiram as minhas previsões.

Esse bonito "discursinho" de Trochu foi posteriormente publicado por M. Corbon, um dos administradores de bairro presentes.

Assim, na própria noite da proclamação da república, o "plano" de Trochu ficou conhecido pelos seus colegas como a capitulação de Paris. Se a defesa nacional tivesse sido mais do que um pretexto para o governo pessoal de Thiers, Favre e Cia., os arrivistas do 4 de setembro teriam abdicado no dia 5 – teriam informado o povo de Paris do "plano" de Trochu e apelado para que se rendesse imediatamente ou para que tomasse o seu próprio destino nas suas próprias mãos. Em vez disso, os impostores infames resolveram curar a loucura heroica de Paris com um regime de fome e de cabeças partidas, ludibriando-o entretanto com manifestos grandiloquentes discursando: Trochu, "o governador de Paris, não capitulará nunca"; Jules Favre, o ministro dos Negócios Estrangeiros, não cederá nem uma polegada do nosso território! Nem uma pedra das nossas fortalezas! Numa carta a Gambetta, esse mesmíssimo Jules Favre confessa que de quem estavam se "defendendo" não era dos soldados prussianos mas dos operários de Paris. Durante todo o cerco, os corta-goelas bonapartistas – a quem Trochu, avisadamente, confiara o comando do exército de Paris – trocaram, na sua correspondência, piadas sem-vergonha sobre essa bem entendida farsa da defesa (ver, por exemplo, a correspondência de Alphonse Simon Guiod, comandante-chefe da artilharia do exército de defesa de Paris e grã-cruz da Legião de Honra, com Susane, general de divisão de artilharia, correspondência publicada pelo *Journal Officiel*[2] da Comuna). A máscara da impostura caiu finalmen-

---

[2] O *Journal Officiel de la République Française* (*Jornal Oficial da República Francesa*) publicou-se de 20 de março a 24 de maio de 1871, e foi o órgão oficial da Comuna de

te em 28 de janeiro de 1871.[3] Com o verdadeiro heroísmo do autoaviltamento completo, o Governo de Defesa Nacional se converteu, na sua capitulação, como governo da França integrado por prisioneiros de Bismarck – um papel tão vil que o próprio Luís Bonaparte, em Sedan,[4] teve repugnância de aceitá-lo. Depois dos acontecimentos do 18 de março, os *capitulards*,[5] na sua fuga desordenada para Versalhes, deixaram nas mãos de Paris as provas documentais da sua traição, para destruí-las, como diz a Comuna no seu manifesto às províncias "esses homens não hesitariam em fazer de Paris um montão de ruínas num mar de sangue".

Para estarem avidamente determinados a tal desfecho, é porque alguns dos membros dirigentes do Governo de Defesa Nacional tinham, além disso, razões próprias muito peculiares.

Pouco depois da conclusão do armistício, M. Millière, um dos representantes de Paris na Assembleia Nacional, agora

---

Paris; conservou o título do jornal oficial do governo da República Francesa, editado em Paris desde 5 de setembro de 1870 (durante a Comuna de Paris publicou-se sob este mesmo título em Versalhes, o jornal do governo de Thiers). O número de 30 de março saiu com o título de *Journal Officiel de la Commune de Paris* (*Jornal Oficial da Comuna de Paris*). A carta de Simon Guiod foi publicada no número de 25 de abril de 1871.

[3] Em 28 de janeiro de 1871 Bismarck e Favre, representante do Governo de Defesa Nacional, assinaram uma "Convenção sobre o Armistício e a Capitulação de Paris". Essa vergonhosa capitulação constituiu uma traição aos interesses nacionais da França. Ao assinar a convenção, Favre aceitou as humilhantes exigências apresentadas pelos prussianos: o pagamento no prazo de duas semanas de uma indenização de 200 milhões de francos, a rendição de uma grande parte dos fortes de Paris, a entrega da artilharia de campanha e das munições do exército de Paris.

[4] Em 2 de setembro o exército francês foi derrotado em Sedan e feito prisioneiro, juntamente com o imperador. Entre 5 de setembro de 1870 e 19 de março de 1871, Napoleão III e os comandantes do exército estiveram presos em Wilhelmshöle (perto de Kassel), num castelo do rei da Prússia. A catástrofe de Sedan acelerou a derrocada do segundo Império e levou à proclamação da república na França a 4 de setembro de 1870. Foi formado um novo governo, o chamado "Governo da Defesa Nacional".

[5] *Capitulards* (capitulacionistas): alcunha desdenhosa dos partidários da capitulação de Paris durante o cerco de 1870-1871. Posteriormente passou a designar os capitulacionistas em geral.

fuzilado por ordem expressa de Jules Favre, publicou uma série de documentos judiciais autênticos como prova de que este, que vivia em concubinagem com a mulher de um bêbedo residente em Argel, tinha conseguido apoderar-se, pelas mais despudoradas falsificações ao longo de muitos anos – em nome dos filhos do seu adultério –, de uma importante herança que fez dele um homem rico; e de que, num processo intentado pelos legítimos herdeiros, só escapou ao desmascaramento com a conivência dos tribunais bonapartistas. Como estes explícitos documentos judiciais não podiam ser descartados pela força da retórica, Jules Favre, pela primeira vez na vida, conteve a língua, esperando em silêncio a explosão da guerra civil para, então, denunciar freneticamente o povo de Paris como um bando de reclusos evadidos em revolta aberta contra a família, a religião, a ordem e a propriedade. Mal esse mesmo falsário chegou ao poder após o 4 de setembro, tratou de pôr à solta, por simpatia, Pic e Taillefer, condenados por falsificação, mesmo durante o império, no escandaloso caso do *L'Étendard*.[6] Um destes homens, Taillefer, tendo ousado regressar a Paris durante a Comuna, foi imediatamente reinstalado na prisão; e Jules Favre exclamou então, da tribuna da Assembleia Nacional, que Paris estava colocando fora da gaiola todos os seus passarões!

Ernest Picard, o Joe Miller[7] do Governo de Defesa Nacional, que a si próprio se designou ministro das Finanças[8] da República depois de ter, em vão, tentado ser ministro do Interior do Império, é irmão de um certo Arthur Picard, in-

---

[6] *L'Étendard* (*O Estandarte*): jornal francês de orientação bonapartista, que se publicou em Paris de 1866 a 1868. A sua publicação cessou com a descoberta de operações fraudulentas para financiamento do jornal.
[7] Nas edições alemãs de 1871 e de 1891: Karl Vogt. Na edição francesa de 1871: Falstaff.
[8] Nas edições alemã e francesa: "ministro do Interior".

divíduo expulso da Bolsa de Paris como vigarista (ver relatório da chefatura de polícia, datado de 31 de julho de 1867) e condenado, com base na sua própria confissão, por um roubo de 300 mil francos enquanto gerente de uma das sucursais da Société Générale,[9] rue Palestro n.5 (ver relatório da chefatura de polícia de 11 de dezembro de 1868). Este Arthur Picard foi feito diretor, por Ernest Picard, do jornal deste, *L'Electeur Libre*.[10] Enquanto o comum dos jogadores da Bolsa era enganado pelas mentiras oficiais dessa folha do Ministério das Finanças, Arthur fazia o vaivém entre o Ministério das Finanças e a Bolsa para ali tirar lucro dos desastres do exército francês. Toda a correspondência financeira deste digno par de irmãos caiu nas mãos da Comuna.

Jules Ferry, um advogado sem vintém antes do 4 de setembro, conseguiu, como prefeito do município de Paris durante o cerco, amealhar uma fortuna à custa da fome. O dia em que tivesse de prestar contas da sua malversação seria o dia da sua condenação.

Esses homens, pois, só nas ruínas de Paris podiam encontrar os seus *tickets-of-leave;*[11] eram precisamente esses os homens de que Bismarck precisava. Com a ajuda de algumas baralhadelas de cartas, Thiers, até então agente-informante, ponto [*prompter*] secreto do governo, aparecia agora à frente deste, com os *ticket-of-leave-men* como ministros.

---

[9] Trata-se da Société Générale du Crédit Mobilier, grande banco francês por ações, criado em 1852. A principal fonte de rendimentos do banco era a especulação com títulos. O Crédit Mobilier estava estreitamente ligado aos círculos governamentais do segundo Império. Em 1867 a sociedade faliu e em 1871 foi liquidada.

[10] *L'Electeur Libre* (*O Eleitor Livre*): jornal francês, órgão dos republicanos de direita, publicou-se em Paris de 1868 a 1871; em 1870-1871 esteve ligado ao Ministério das Finanças do Governo de Defesa Nacional.

[11] Na Inglaterra, dá-se frequentemente a criminosos comuns, após cumprimento da maior parte da sua pena, licenças de saída com as quais são soltos e postos sob a vigilância da polícia. Estas licenças chamam-se *ticket-of-leave* e os seus detentores *ticket-of-leave-men*. (Nota de Engels à edição alemã de 1871)

A guerra civil na França

Thiers, esse gnomo monstruoso, seduziu a burguesia francesa durante cerca de meio século porque é a expressão intelectual mais acabada da sua própria corrupção de classe. Antes de se tornar homem de Estado, ele já tinha dado provas, como historiador, da sua capacidade de mentir. A crônica da sua vida pública é o registro das desgraças da França. Ligado, antes de 1830, aos republicanos, meteu-se na carreira sob Luís Felipe traindo o seu protetor Laffitte; insinuou-se junto do rei provocando motins contra o clero, durante os quais a Igreja de Saint-Germain-l'Auxerrois e o palácio do arcebispo foram saqueados, e agindo como ministro-espião e carcereiro-*accoucheur* [parteiro] da duquesa de Berry.[12] Foram obra sua o massacre dos republicanos na Rua Transnonain e as infames leis de setembro subsequentes contra a imprensa e contra o direito de associação.[13] Ao reaparecer, em março de 1840, como chefe do governo, deixou a França atônita com o seu plano de fortificação de Paris.[14] Aos republicanos, que denunciaram esse plano

---

[12] Em 14 e 15 de fevereiro de 1831, em Paris, em sinal de protesto contra uma manifestação legitimista numa missa em memória do duque de Berry, uma multidão destruiu a Igreja de Saint-Germain-l'Auxerrois e o palácio do arcebispo de Quélen. Thiers, que presenciou a destruição da igreja e do palácio do arcebispo, convenceu os guardas nacionais a não se oporem à ação da multidão. Em 1832, por decisão de Thiers, nessa altura ministro do Interior, a duquesa de Berry, mãe do pretendente legitimista ao trono francês, conde Chambord, foi presa e submetida a um exame médico humilhante com o objetivo de tornar público o seu casamento secreto e comprometê-la politicamente.

[13] Marx refere-se ao papel miserável de Thiers (nessa altura ministro do Interior) no esmagamento da insurreição das massas populares de Paris contra o regime da monarquia de julho em 13-14 de abril de 1834. O esmagamento dessa insurreição foi acompanhado de atrocidades por parte da camarilha militar que, em particular, matou todos os moradores de uma casa da Rua Transnonain.
Leis de setembro: leis reacionárias contra a imprensa, promulgadas pelo governo francês em setembro de 1835. De acordo com essas leis, eram condenados a penas de prisão e a grandes multas em dinheiro os atos contra a propriedade e contra o regime existente.

[14] Em janeiro de 1841, Thiers propôs na Câmara dos Deputados um projeto de construção de fortificações militares em torno de Paris. Nos meios revolucionário-democráticos, esse projeto foi acolhido como uma medida preparatória para o esmagamento dos movimentos populares. No projeto de Thiers previa-se a construção de poderosos fortins nas proximidades dos bairros operários.

como uma intriga sinistra contra a liberdade de Paris, replicou ele da tribuna da Câmara dos Deputados:

> Mas quê! Imaginar que alguma vez fortificações possam pôr em perigo a liberdade! E, antes de mais nada calunia-se um governo, seja ele qual for, quando se supõe que ele possa um dia tentar se manter bombardeando a capital [...]. Mas esse governo seria cem vezes mais impossível após a sua vitória.

Na verdade, nenhum governo jamais ousaria bombardear Paris a partir dos fortes, a não ser esse governo, que entregara previamente esses fortes aos prussianos.

Quando o rei Bomba,[15] em janeiro de 1848, fez uma tentativa contra Palermo, Thiers, então há muito fora do ministério, surgiu de novo na Câmara dos Deputados:

> Sabeis, senhores, o que se passa em Palermo; todos vós estremecestes de horror [no sentido parlamentar] ao tomar conhecimento de que, durante 48 horas, uma grande cidade foi bombardeada. Por quem? Foi por um inimigo estrangeiro, exercendo os direitos da guerra? Não, senhores, foi pelo seu próprio governo. E por quê? Porque esta cidade infortunada reclamava os seus direitos. Ora, por ter reclamado os seus direitos, Palermo teve 48 horas de bombardeio! Permitam que eu apele para a opinião europeia. É prestar um serviço à humanidade, vir, do alto da maior tribuna, talvez, da Europa, fazer ressoar palavras [palavras, de fato] de indignação contra tais atos [...]. Quando o regente Espartero, que tinha prestado serviços ao seu país [coisa que sr. Thiers nunca fez], pretendeu bombardear Barcelona para reprimir a insurreição, por toda a parte se elevou no mundo um grande grito de indignação.

Dezoito meses mais tarde, sr. Thiers estava entre os mais ferozes defensores do bombardeio de Roma por um exército francês.[16] Na realidade, a culpa do rei Bomba parece ter sido só a de limitar o seu bombardeio a 48 horas.

---

15 Fernando II.

16 Em abril de 1849, a França, em aliança com a Áustria e Nápoles, organizou uma intervenção contra a república romana com o objetivo de esmagá-la e de restabe-

A guerra civil na França

Poucos dias antes da revolução de fevereiro,[17] azedo pelo longo exílio de cargos e benefícios a que Guizot o condenara e farejando no ar o odor de um levante popular iminente, Thiers, naquele estilo pseudo-heroico que lhe valeu a alcunha de *Mirabeau-mouche* [Mirabeau-mosca], declarou à Câmara dos Deputados:

> Eu sou do partido da revolução, não só na França, mas também na Europa. Desejo que o governo da revolução fique nas mãos dos moderados; mas se o governo caísse nas mãos dos ardentes, nem que fosse dos radicais, eu não abandonaria apesar disso a minha causa. Seria sempre do partido da revolução.

Veio a revolução de fevereiro. Em vez de substituir o gabinete Guizot pelo gabinete Thiers, como o homenzinho tinha sonhado, ela suplantou Luís Felipe com a república. No primeiro dia da vitória popular, teve o cuidado de se esconder, esquecendo que o desprezo dos operários o protegia do seu ódio. No entanto, com a sua coragem lendária, continuou a evitar a cena pública até que os massacres de junho[18] a limpassem para o seu gênero de ação. Tornou-se então o cérebro dirigente do "partido da ordem"[19] e da sua república parlamentar, esse interregno anônimo no qual todas as frações da classe dirigente rivais conspiravam juntas para esmagar o povo, e conspiravam umas contra as outras para restaurar, cada uma, a sua própria monarquia. Então, como agora, Thiers denunciava os republicanos como úni-

---

lecer o poder temporal do papa. As tropas francesas submeteram Roma a um cruel bombardeio. Apesar de uma resistência heroica, a república romana foi derrubada e Roma ocupada pelas tropas francesas.

[17] Trata-se da revolução de 1848.

[18] Insurreição de junho: heroica insurreição dos operários de Paris em 23-26 de junho de 1848, esmagada com excepcional crueldade pela burguesia francesa. Essa insurreição foi a primeira grande guerra civil da história entre o proletariado e a burguesia.

[19] Partido da Ordem: partido da grande burguesia conservadora criado em 1848; constituía uma coligação das duas frações monárquicas da França: os legitimistas e os orleanistas; de 1849 até ao golpe de Estado de 2 de dezembro de 1851 ocupou uma posição dirigente na Assembleia Legislativa da segunda República.

co obstáculo para a consolidação da república; então, como agora, ele falava à república como o carrasco a dom Carlos: "Tenho de assassinar-te, mas para teu bem". Agora, como então, terá de exclamar, no dia a seguir ao da sua vitória: *"L'empire est fait"* – O império está consumado. Apesar das suas homilias hipócritas sobre as liberdades necessárias e do seu rancor pessoal contra Luís Bonaparte, que o tinha ludibriado e tinha corrido com o parlamentarismo – e fora da atmosfera artificial deste, o homenzinho está consciente de ficar reduzido à nulidade –, a mão dele esteve em todas as infâmias do segundo Império, desde a ocupação de Roma pelas tropas francesas até a guerra com a Prússia, que ele incitou com as suas invectivas ferozes contra a unidade alemã, não por esta ser um disfarce do despotismo prussiano, mas por ser um ataque ao direito adquirido da França sobre a desunião alemã. Gostando de brandir à face da Europa, com os seus braços de anão, a espada do primeiro Napoleão, do qual se tornou o limpa-botas histórico, a sua política externa culminou sempre na total humilhação da França, desde a convenção de Londres[20] de 1840 até a capitulação de Paris de 1871 e à presente guerra civil, em que atira contra Paris os prisioneiros de Sedan e de Metz[21] por especial autorização de Bismarck. Apesar da versatilidade do talento e da inconstância de propósitos, esse homem esteve durante toda a sua vida amarrado à mais fóssil rotina. É óbvio que as correntes mais profundas da sociedade moderna fica-

---

[20] Em 15 de julho de 1840, a Inglaterra, a Rússia, a Prússia, a Áustria e a Turquia assinaram em Londres, sem a participação da França, uma convenção sobre a ajuda ao sultão turco contra o governante egípcio Mohammed Ali, que era apoiado pela França. Em resultado da conclusão da convenção surgiu a ameaça de uma guerra entre a França e a coligação de potências europeias; no entanto, o rei Luís Felipe não ousou iniciar as hostilidades e retirou o apoio a Mohammed Ali.

[21] Desejando reforçar o exército de Versalhes para esmagar Paris revolucionária, Thiers pediu a Bismarck que o autorizasse a integrar no contingente prisioneiros de guerra franceses, sobretudo do exército que capitulou em Sedan e Metz.

ram-lhe para sempre escondidas; mas mesmo as mudanças mais palpáveis à superfície daquela repugnavam um cérebro cuja vitalidade tinha se refugiado toda na língua. Por isso nunca se cansou de denunciar como um sacrilégio qualquer desvio do velho sistema protecionista francês. Quando ministro de Luís Felipe, invectivou as ferrovias como uma louca quimera; e quando na oposição, sob Luís Bonaparte, estigmatizou como uma profanação qualquer tentativa para reformar o apodrecido sistema do exército francês. Nunca, na sua longa carreira política, foi responsável por uma só medida de qualquer utilidade prática, por menor que fosse. Thiers só foi consequente na sua avidez de riqueza e no seu ódio pelos homens que a produzem. Tendo entrado no seu primeiro ministério, sob Luís Felipe, pobre como Jó, saiu dele milionário. O seu último ministério sob o mesmo rei (de 1º de março de 1840) expô-lo a sarcasmos públicos de corrupção na Câmara dos Deputados, aos quais se contentou em responder com lágrimas – artigo que ele fornece tão livremente como Jules Favre ou qualquer outro crocodilo. Em Bordeaux,[22] a sua primeira medida para salvar a França da ruína financeira iminente foi a de dotar a si mesmo com 3 milhões por ano, a primeira e a última palavra da "república econômica", cuja perspectiva ele abrira aos seus eleitores de Paris em 1869. Um dos seus antigos colegas da Câmara dos Deputados de 1830, M. Beslay, ele próprio um capitalista e, apesar disso, membro dedicado da Comuna de Paris, dirigia-se ultimamente assim a Thiers, num cartaz público:

> A escravização do trabalho pelo capital foi sempre a pedra angular da vossa política, e desde o próprio dia em que vistes a república do trabalho instalada no Hôtel de Ville, nunca deixastes de gritar à França: "são criminosos!".

---

[22] Em Bordeaux reuniu-se a Assembleia Nacional da França em 1871.

Karl Marx

Mestre em pequenas patifarias de Estado, virtuoso em perjúrio e traição, qualificado em todos os estratagemas baixos, expedientes manhosos e perfídias vis da luta parlamentar dos partidos; sempre sem escrúpulos, quando fora do governo, em atear uma revolução e em afogá-la em sangue quando ao leme do Estado; com preconceitos de classe fazendo as vezes de ideias e vaidade as vezes de coração; com uma vida privada tão infame como a sua vida pública é odiosa – mesmo agora, quando desempenha o papel de um Sila francês, não pode deixar de realçar a abominação dos seus atos pelo ridículo da sua ostentação.

A capitulação de Paris, entregando à Prússia não apenas Paris, mas também, toda a França, encerrou as intrigas de traição prosseguidas há muito com o inimigo, as quais tinham sido iniciadas pelos usurpadores de 4 de setembro nesse mesmo dia, como disse o próprio Trochu. Por outro lado, ela dava início à guerra civil que eles estavam agora movendo, com a ajuda da Prússia, contra a república e contra Paris. A armadilha estava nos próprios termos da capitulação. Nesse momento, mais de um terço do território estava nas mãos do inimigo, a capital estava isolada das províncias, todas as comunicações estavam desorganizadas. Era impossível, em tais circunstâncias, eleger uma verdadeira representação da França sem que fosse dado um amplo prazo para os preparativos. Tendo isso em conta, a capitulação estipulava que a Assembleia Nacional tinha de ser eleita em oito dias; de modo que, em muitos pontos da França, a notícia da eleição iminente só chegou na véspera. Além disso, por uma cláusula expressa da capitulação, essa Assembleia devia ser eleita com o único propósito de decidir da paz ou da guerra e, eventualmente, para concluir um tratado de paz. A população não podia deixar de sentir que os termos do armistício tornavam impossível a continuação da guerra e que, para ratificar a paz, imposta por Bismarck, os piores homens eram os melhores. Mas, não contente com essas precauções, Thiers, antes mesmo de quebrado em Paris o segredo do armistício, partiu para uma digressão eleitoral pelas províncias, para ali galvanizar e ressuscitar o partido legitimista,[23] que tinha agora, ao lado dos orleanistas, de tomar o lugar que então os bonapartistas não podiam ocupar. Ele não os receava. Impossibilitados de governarem a França moderna e, por isso, desprezíveis como rivais, que partido era mais elegível como instrumento da contrarrevolução do que o partido cuja ação, nas palavras do próprio Thiers (Câmara dos Deputados, 5 de janeiro de 1833), "tinha sempre se confinado aos três recursos da invasão estrangeira, da guerra civil e da anarquia"?

Eles acreditavam verdadeiramente no advento do seu milênio retrospectivo longamente esperado. Havia as botas da invasão estrangeira calçando a França; havia a queda de um império e o cativeiro de Luís Bonaparte; e havia eles próprios. A roda da história tinha manifestamente girado para trás, para se deter na *Chambre introuvable* de 1816.[24] Nas assembleias da república, de 1848 a 1851, eles tinham estado representados pelos seus campeões parlamentares, educados e experimentados; agora eram os soldados rasos

---

[23] Trata-se dos dois partidos monárquicos da burguesia francesa na primeira metade do século XIX: os legitimistas e os orleanistas. (Legitimistas: partidários da dinastia dos Bourbons, derrubada na França em 1792, que representava os interesses da grande aristocracia rural e do alto clero. Formou-se como partido em 1830, depois da segunda queda dessa dinastia. Em 1871 os legitimistas participaram na campanha geral das forças contrarrevolucionárias contra a Comuna de Paris. Orleanistas: partidários dos duques de Orléans, ramo da dinastia dos Bourbons que subiu ao poder durante a revolução de julho de 1830 e que foi derrubado com a revolução de 1848; representavam os interesses da aristocracia financeira e da grande burguesia. No período da segunda República (1848-1851), ambos os agrupamentos monárquicos constituíram o núcleo do "partido da ordem", partido conservador unificado.)

[24] *Chambre introuvable* (Câmara impossível de encontrar): Câmara dos Deputados na França em 1815-1816 (primeiros anos do regime da Restauração), composta por ultrarreacionários.

do partido que precipitavam para elas – todos os *Pourceaugnac*[25] da França.

Assim que essa assembleia de rurais[26] se reuniu em Bordeaux, Thiers tornou-lhes claro que os preliminares de paz tinham de ter assentimento imediato, mesmo sem as honras de um debate parlamentar, condição sem a qual a Prússia não lhes permitiria desencadear a guerra contra a república e Paris, sua cidadela. A contrarrevolução, de fato, não tinha tempo a perder. O segundo Império tinha mais do que duplicado a dívida nacional e mergulhado todas as grandes cidades em pesadas dívidas municipais. A guerra tinha dilatado terrivelmente os encargos e destruído sem piedade os recursos da nação. Para completar a ruína, estava lá o Shylock prussiano com o seu título de dívida da manutenção, em solo francês, de meio milhão de soldados seus, com a sua indenização de 5 bilhões[27] e juros de 5% sobre as prestações não pagas. Quem ia pagar a conta? Só pela derrubada violenta da república os apropriadores de riqueza podiam esperar pôr aos ombros dos produtores desta o custo de uma guerra que eles, apropriadores, tinham provocado. Assim, a imensa ruína da França impelia estes patrióticos representantes da terra e do capital, sob os próprios olhos e o

---

[25] *Pourceaugnac*: personagem de uma comédia de Molière que caracteriza a pequena aristocracia latifundiária, estúpida e limitada mentalmente.

[26] "Câmara de latifundiários", "assembleia de rurais": designações desdenhosas da Assembleia Nacional de 1871, que se reuniu em Bordeaux e que era composta na sua maioria por monárquicos reacionários: latifundiários da província, funcionários, *rentiers* e negociantes, eleitos em círculos eleitorais rurais. Dos 630 deputados à Assembleia, cerca de 430 eram monárquicos.

[27] Trata-se do tratado de paz preliminar entre a França e a Alemanha, subscrito em Versalhes em 26 de fevereiro de 1871 por Thiers e J. Favre, de um lado, e por Bismarck, de outro lado. De acordo com as condições desse tratado, a França cedia à Alemanha a Alsácia e a Lorena Oriental e pagava uma indenização de 5 bilhões de francos. O tratado de paz definitivo foi assinado em Frankfurt am Main a 10 de maio de 1871.

patrocínio do invasor, a enxertar na guerra estrangeira uma guerra civil – uma rebelião de proprietários de escravos.

Havia no caminho dessa conspiração um grande obstáculo – Paris. Desarmar Paris era a primeira condição de sucesso. Paris foi, pois, intimada por Thiers a entregar as suas armas. Paris foi então exasperada pelas frenéticas manifestações antirrepublicanas da assembleia dos "rurais" e pelos equívocos do próprio Thiers sobre o estatuto legal da república; pela ameaça de decapitar e descapitalizar Paris; pela nomeação de embaixadores orleanistas; pelas leis de Dufaure sobre letras comerciais e rendas de casa vencidas,[28] que impunham a ruína ao comércio e à indústria de Paris; pela taxa de Pouyer-Quertier de dois centavos sobre qualquer exemplar de qualquer publicação imaginável; pelas sentenças de morte contra Blanqui e Flourens; pela supressão dos jornais republicanos; pela transferência da Assembleia Nacional para Versalhes; pelo prolongamento do estado de sítio declarado por Palikao e expirado em 4 de setembro; pela nomeação de Vinoy, o *décembriseur*[29] como governador de Paris, de Valentin, o *gendarme* imperial, como chefe de polícia, e de Aurelle de Paladines, o general jesuíta, como comandante-chefe da Guarda Nacional parisiense.

E temos agora uma questão ao pôr ao sr. Thiers e aos homens da defesa nacional, seus subordinados. É sabido que através de M. Pouyer-Quertier, seu ministro das Finanças,

---

[28] Em 10 de março de 1871, a Assembleia Nacional aprovou uma lei sobre o adiamento do pagamento das dívidas contraídas entre 13 de agosto e 12 de novembro de 1870; quanto ao pagamento das dívidas contraídas depois de 12 de novembro não havia adiamento. Desse modo, a lei desferiu um duro golpe nos operários e nas camadas mais pobres da população, provocando também a bancarrota de muitos pequenos comerciantes e industriais.

[29] *Décembriseur*: participante no golpe de Estado bonapartista de 2 de dezembro de 1851 e partidário das ações no espírito desse golpe.

Thiers contraiu um empréstimo de 2 bilhões. É então verdade ou não:

1. que o negócio estava arranjado de tal maneira que uma recompensa de várias centenas de milhões estava assegurada para benefício privado de Thiers, Jules Favre, Ernest Picard, Pouyer-Quertier e Jules Simon?

2. e que nenhum pagamento havia de ser efetuado senão depois da "pacificação" de Paris?[30]

Em todo o caso, algo de muito urgente tinha de haver na matéria, para que Thiers e Jules Favre, em nome da maioria da Assembleia de Bordeaux, solicitassem despudoradamente a imediata ocupação de Paris pelas tropas prussianas. Tal não era, contudo, o jogo de Bismarck, como ele o disse sarcasticamente e em público, aos assombrados filisteus de Frankfurt, no seu regresso à Alemanha.

II

Paris em armas era o único obstáculo sério no caminho da conspiração contrarrevolucionária. Paris tinha, pois, de ser desarmada. Nesse ponto, a Assembleia de Bordeaux era a própria sinceridade. Se o rugido clamoroso dos seus rurais não se tivesse feito ouvir bastante, a entrega de Paris por Thiers à terna solicitude do triunvirato – Vinoy, o *décembriseur*, Valentin, o *gendarme* bonapartista e Aurelle de Paladines, o general jesuíta – teria posto termo à menor sombra de dúvida. Enquanto exibiam insultuosamente o verdadeiro propósito do desarmamento de Paris, os cons-

---

[30] Segundo as informações dos jornais, do empréstimo interno que o governo de Thiers decidiu lançar, o próprio Thiers e outros membros do seu governo deviam receber mais de 300 milhões de francos a título de "comissão". A lei sobre o empréstimo foi aprovada em 20 de junho de 1871, depois do esmagamento da Comuna.

A guerra civil na França

piradores pediam-lhe que depusesse as suas armas com um pretexto que era a mais gritante, a mais impudente das mentiras. A artilharia da Guarda Nacional de Paris, dizia Thiers, pertencia ao Estado e ao Estado tinha de ser devolvida. O fato era este: desde o próprio dia da capitulação, com a qual os prisioneiros de Bismarck tinham assinado a rendição da França, reservando para si mesmos uma guarda numerosa com o propósito expresso de intimidar Paris, ela estava de sobreaviso. A Guarda Nacional reorganizou-se e confiou o seu controle supremo a um comitê central eleito pelo conjunto do corpo, salvo alguns restos das velhas formações bonapartistas. Na véspera da entrada dos prussianos em Paris, o Comitê Central tomou medidas para o transporte para Montmartre, Belleville e La Villette do canhão e das *mitrailleuses* [metralhadoras], traiçoeiramente abandonadas pelos *capitulards* nos próprios bairros e à volta dos bairros que os prussianos iriam ocupar. Essa artilharia tinha sido obtida por subscrições da Guarda Nacional. Fora oficialmente reconhecida como sua propriedade privada na capitulação de 28 de janeiro, e com esse mesmo título ela era isenta da rendição geral das armas do governo às mãos do vencedor. E Thiers estava tão completamente privado do mais ligeiro pretexto para abrir hostilidades contra Paris, que teve de recorrer à mentira flagrante de que a artilharia da Guarda Nacional seria propriedade do Estado!

A apreensão da sua artilharia destinava-se claramente a servir como preliminar para o desarmamento geral de Paris e, assim, da revolução de 4 de setembro. Mas essa revolução tornara-se o estatuto legal da França. A república, obra sua, foi reconhecida pelo vencedor nos termos da capitulação. Após a capitulação, foi reconhecida por todas as potências estrangeiras e em seu nome fora convocada a Assembleia Nacional. A revolução de 4 de setembro dos operários de

Paris era o único título legal da Assembleia Nacional sediada em Bordeaux e do seu executivo. Sem ela, a Assembleia Nacional teria de dar lugar imediatamente ao *Corps législatif* [corpo legislativo] eleito em 1869 por sufrágio universal, sob autoridade francesa e não prussiana e disperso à força pelo braço da revolução. Thiers e os seus *ticket-of-leave-men* teriam tido de capitular para obterem salvos-condutos assinados por Luís Bonaparte para se livrarem de uma viagem a Cayenne.[31] A Assembleia Nacional, com o seu poder de procuração para estabelecer os termos da paz com a Prússia, era apenas um incidente nessa revolução, cuja verdadeira encarnação ainda era Paris em armas, que a tinha iniciado e suportado por ela um cerco de cinco meses com os horrores da fome, e feito da sua prolongada resistência, apesar do plano de Trochu, a base de uma obstinada guerra de defesa nas províncias. E Paris, agora, ou tinha de depor as suas armas sob o insultuoso mando dos escravistas rebeldes de Bordeaux e reconhecer que a sua revolução de 4 de setembro apenas significava uma simples transferência de poder de Luís Bonaparte para os seus régios rivais, ou tinha de se afirmar, doravante, como o campeão autossacrificado da França, cuja salvação da ruína e cuja regeneração eram impossíveis sem o derrubamento revolucionário das condições políticas e sociais que tinham engendrado o segundo Império e tinham amadurecido, sob o seu cuidado protetor, até o completo apodrecimento. Paris, emagrecida por uma fome de cinco meses, não hesitou um momento. Resolveu heroicamente correr todos os riscos de uma resistência contra os conspiradores franceses, mesmo com o canhão prussiano a ameaçá-la a partir dos seus próprios fortes. Contudo, no seu horror da guerra civil para a qual Paris ia ser empurrada, o Comité Central continuou a persistir numa atitude mera-

---

[31] Cayenne: cidade da Guiana Francesa, prisão e lugar de exílio para presos políticos.

A guerra civil na França

mente defensiva, a despeito das provocações da Assembleia, das usurpações do Executivo e da ameaçadora concentração de tropas em Paris e à sua volta.

Thiers desencadeou a guerra civil enviando Vinoy à frente de uma multidão de *sergents-de-ville* [agentes de polícia] e de alguns regimentos de linha, numa expedição noturna contra Montmartre, para tomar ali, de surpresa, a artilharia da Guarda Nacional. É sabido como essa tentativa fracassou perante a resistência da Guarda Nacional e a confraternização entre a linha e o povo. Aurelle de Paladines tinha antecipadamente impresso o seu boletim de vitória, e Thiers teve prontos os cartazes que anunciavam as suas medidas de *coup d'État* [golpe de Estado]. Estes tinham de ser agora substituídos pelos apelos de Thiers proclamando a sua resolução magnânima de deixar a Guarda Nacional na posse das suas armas, com o que, dizia ele, se sentia seguro de que ela passaria para o governo, contra os rebeldes. De 300 mil guardas nacionais, apenas 300 responderam a essa intimação de passarem para o pequeno Thiers, contra si próprios. A gloriosa revolução dos operários do 18 de março, incontestavelmente, tomou posse de Paris. O Comitê Central foi o seu governo provisório. A Europa pareceu duvidar, por um momento, se os seus sensacionalistas feitos recentes de política e de guerra tinham qualquer realidade em si ou se não eram sonhos de um passado remoto.

Do 18 de março até a entrada das tropas de Versalhes em Paris, a revolução proletária permaneceu tão livre dos atos de violência em que as revoluções abundam – e mais ainda as contrarrevoluções das classes superiores (*better classes*) – que aos seus adversários não restaram fatos para vociferar contra ela, a não ser a execução dos generais Lecomte e Clément Thomas, e o caso da Place Vendôme.

Um dos oficiais bonapartistas comprometidos na tentativa noturna contra Montmartre, o general Lecomte, dera por quatro vezes ordem ao 81º regimento de linha para fazer fogo contra um ajuntamento de gente desarmada na Place Pigalle e, à recusa dos seus homens, insultara-os ferozmente. Em vez de atirar sobre mulheres e crianças, os seus próprios homens atiraram sobre ele. Não é provável, obviamente, que hábitos inveterados, adquiridos pelos soldados sob a instrução dos inimigos da classe operária, mudem no preciso momento em que esses soldados mudavam de campo. Os mesmos homens executaram Clément Thomas.

O "general" Clément Thomas, um ex-sargento quartel-mestre de cavalaria, descontente, tinha se alistado, nos últimos tempos do reinado de Luís Felipe, na redação do jornal republicano *Le National*,[32] para servir ali na dupla qualidade de homem de palha (*gérant responsable*) [gerente responsável] e de duelista de serviço desse muito combativo jornal. Chegados ao poder após a revolução de fevereiro, os homens do *Le National* metamorfosearam em general esse velho primeiro-sargento nas vésperas da carnificina de junho,[33] da qual, como Jules Favre, ele foi um dos conspiradores sinistros e se tornou um dos mais vis executores. Desapareceram então, por longo tempo, ele e o seu generalato, para voltarem à superfície no 1º de novembro de 1870. No dia anterior, o Governo de Defesa Nacional, apanhado no Hôtel de Ville, deu solenemente a sua palavra a Blanqui, Flourens e a outros representantes da classe operária que abdicaria do poder usurpado, para as mãos de uma Comu-

---

[32] *Le National* (*O Nacional*): jornal francês que se publicou em Paris de 1830 a 1851; órgão dos republicanos burgueses moderados. Os mais destacados representantes desta corrente no Governo Provisório eram Marrast, Bastide e Garnier-Pagès.

[33] Trata-se do cruel esmagamento da insurreição dos operários de Paris em junho de 1848.

A guerra civil na França

na livremente eleita por Paris.[34] Em vez de respeitar a sua palavra, largou sobre Paris os bretões de Trochu, que substituíam agora os corsos de Bonaparte.[35] Só o general Tamisier, recusando manchar o seu nome por uma tal quebra de palavra, se demitiu do seu comando-chefe da Guarda Nacional e, em lugar dele, Clément Thomas tratou de se tornar, por sua vez, novamente general. Durante todo o exercício do seu comando, este fez a guerra, não contra os prussianos, mas contra a Guarda Nacional de Paris. Impediu o seu armamento geral, estimulou os batalhões burgueses contra os batalhões de operários, livrou-se dos oficiais hostis ao "plano" de Trochu e licenciou, sob o estigma de covardia, esses mesmos batalhões proletários, cujo heroísmo deixava atônitos, agora, os seus inimigos mais inveterados. Clément Thomas sentia-se todo orgulhoso por ter reconquistado a sua preeminência de junho como inimigo pessoal da classe operária de Paris. Apenas poucos dias antes do 18 de março, expunha ele ao ministro da Guerra, Le Flô, um plano seu para "acabar com *a fine fleur* [fina flor] da *canaille* [canalha] de Paris". Depois da derrota de Vinoy, ele tinha necessariamente de aparecer em cena, na qualidade de espião amador. O Comitê Central e os operários de Paris foram tão responsáveis pela execução de Clément Thomas, como a princesa

---

[34] Em 31 de outubro de 1870 os operários de Paris e a parte revolucionária da Guarda Nacional, tendo tido conhecimento da decisão do Governo de Defesa Nacional de iniciar conversações com os prussianos, revoltaram-se e, depois de terem tomado o Hôtel de Ville, criaram um órgão de poder revolucionário – o Comitê de Salvação Pública – chefiado por Blanqui. Sob a pressão dos operários, o Governo de Defesa Nacional foi obrigado a prometer a sua demissão e a marcar eleições para a Comuna em 1º de novembro. No entanto, aproveitando-se da insuficiente organização das forças revolucionárias de Paris e das divergências entre os dirigentes blanquistas e democratas pequeno-burgueses jacobinos da insurreição, o governo, com a ajuda dos batalhões da Guarda Nacional que permaneceram ao seu lado, reconquistou o Hôtel de Ville e restabeleceu seu poder.

[35] Bretões: Guarda Móvel bretã, que Trochu utilizou como gendarmes para esmagar o movimento revolucionário em Paris. Corsos: no segundo Império constituíram uma parte considerável dos corpos de gendarmes.

de Gales pela sorte das pessoas que morreram esmagadas no dia da sua entrada em Londres.

O massacre de cidadãos desarmados na Place Vendôme é um mito que sr. Thiers e os rurais ignoraram persistentemente na Assembleia, confiando exclusivamente a sua propagação à criadagem do jornalismo europeu. "Os homens de ordem", os reacionários de Paris, tremeram ante a vitória do 18 de março. Para eles era o sinal da retaliação popular que chegava finalmente. Os espectros das vítimas assassinadas por suas mãos desde as jornadas de junho de 1848 até o 22 de janeiro de 1871[36] surgiam-lhes diante dos olhos. O seu pânico foi o seu único castigo. Até os *sergents-de-ville* [agente de polícia], em vez de serem desarmados e encarcerados como se devia ter feito, tiveram as portas de Paris abertas de par em par, para a sua retirada a salvo para Versalhes. Os homens da ordem não só não foram molestados como lhes foi consentido reagruparem-se e tomarem conta, placidamente, de mais de uma posição de força no próprio centro de Paris. Essa indulgência do Comitê Central – essa magnanimidade dos operários armados –, tão estranhamente em desacordo com os hábitos do "partido da ordem", foi mal interpretada por este último como mero sintoma de fraqueza consciente. Donde o seu estúpido plano para tentar, encoberto por uma manifestação desarmada, aquilo que Vinoy não conseguira realizar com o seu canhão e as suas *mitrailleuses* [metralhadoras]. Em 22 de março, um bando amotinado de figurões saiu dos bairros luxuosos, com todos *os petits crevés* [janotas] nas suas fileiras, tendo à frente os familiares notórios do im-

---

[36] Em 22 de janeiro de 1871, por iniciativa dos blanquistas, realizou-se uma manifestação revolucionária do proletariado de Paris e da Guarda Nacional, exigindo o derrubamento do governo e a criação da Comuna. Por decisão do Governo de Defesa Nacional, a manifestação foi metralhada pelos guardas móveis bretões, que defendiam o Hôtel de Ville. Depois de ter esmagado pelo terror o movimento revolucionário, o governo começou a preparar a capitulação de Paris.

A guerra civil na França

pério – os Heeckeren, os Coëtlogon, os Henri de Pène etc. Sob a aparência covarde de uma manifestação pacífica, essa escória, secretamente equipada com as armas do assassino a soldo, pôs-se em ordem de marcha, maltratou e desarmou as patrulhas e sentinelas avançadas da Guarda Nacional que encontrou no caminho e, ao desembocar da rue de la Paix aos gritos de "Abaixo o Comitê Central! Abaixo os assassinos! Viva a Assembleia Nacional!", tentou forçar a linha ali estabelecida, isso para tomar de assalto por surpresa o quartel-general da Guarda Nacional na Place Vendôme. Em resposta aos seus tiros de pistola, foram feitas as *sommations* [intimações] usuais (o equivalente francês do *Riot Act* inglês)[37] e, mostrando-se estas ineficazes, foi ordenado fogo pelo general da Guarda Nacional.[38] Uma salva dispersou em fuga tresloucada os estúpidos peralvilhos, que esperavam que a mera exibição da sua "respeitabilidade" teria sobre a revolução de Paris o mesmo efeito que as trombetas de Josué sobre a muralha de Jericó.[39] Os fugitivos deixaram atrás de si dois guardas nacionais mortos, nove gravemente feridos (entre os quais um membro do Comitê Central)[40] e todo o teatro das suas façanhas juncado de revólveres, punhais, baioneta, como prova do caráter "desarmado" da sua manifestação "pacífica". Quando, em 13 de junho de 1849, a Guarda Nacional fez uma manifestação realmente pacífica, em protesto contra o pérfido assalto das tropas francesas a

---

[37] Segundo as leis de diversos Estados burgueses, as ordens de dispersar eram repetidas três vezes, após o que as autoridades podiam utilizar a força armada. O *Riot Act* (*Lei sobre distúrbios*) foi introduzido na Inglaterra em 1715. Proibia os "ajuntamentos rebeldes" de mais de 12 pessoas: no caso de violação da lei, as autoridades eram obrigadas a fazer um aviso especial e a utilizar a força se as pessoas não dispersassem no prazo de uma hora.

[38] Bergeret.

[39] A muralha de Jericó, cidade antiga da Palestina, caiu, segundo a lenda bíblica, derrubada pelo som das trombetas sagradas dos judeus. Em sentido alegórico, apoio que cai estrepitosamente.

[40] Maljournal.

Roma, Changarnier, então general do partido da ordem, foi aclamado pela Assembleia Nacional e especialmente pelo sr. Thiers como salvador da sociedade, por ter lançado de todos os lados as suas tropas sobre esses homens sem armas para os espingardear, espadeirar e espezinhar debaixo das patas dos seus cavalos. Paris foi então posta em estado de sítio. Dufaure, através da Assembleia, apressou novas leis de repressão. Novas prisões, novas proscrições – um novo reino de terror se instalou. Mas as classes baixas (*lower orders*) agem nessas coisas de outra maneira. O Comitê Central de 1871 ignorou simplesmente os heróis da "manifestação pacífica"; a tal ponto que só dois dias depois estes foram capazes de desfilar perante o almirante Saisset, para essa manifestação armada que culminou com a famosa fuga em pânico para Versalhes. Na sua relutância em continuar a guerra civil desencadeada pela tentativa de efração noturna, por Thiers, contra Montmartre, o Comitê Central tornou-se culpado, desta vez, de um erro decisivo, ao não avançar logo sobre Versalhes, então completamente desguarnecido, o que teria posto termo às conspirações de Thiers e dos seus rurais. Em vez disso, permitiu-se outra vez ao partido da ordem experimentar a sua força nas urnas em 26 de março, dia da eleição da Comuna. Nas *mairies* [edifício da administração municipal] de Paris, eles trocaram nesse dia brandas palavras de conciliação com os seus por de mais generosos vencedores, murmurando no íntimo o juramento solene de os exterminar em devido tempo.

Veja-se agora o reverso da medalha. Thiers desencadeou a sua segunda campanha contra Paris no começo de abril. A primeira remessa de prisioneiros parisienses levados para Versalhes foi submetida a atrocidades revoltantes, enquanto Ernest Picard, de mãos nos bolsos, troçando, passeava à volta deles e *Mesdames* [senhoras] Thiers e Favre aplaudiam da varanda, no meio das suas damas de honra, os ultrajes dos arruaceiros de Versalhes. Os soldados de linha capturados eram massacrados a sangue-frio; o nosso valoroso amigo, general Duval, fundidor, foi executado sem qualquer espécie de julgamento. Galliffet, o gigolô da própria mulher, tão famosa pelas suas exibições sem-vergonha nas orgias do segundo Império, vangloriou-se, numa proclamação, de ter comandado o assassínio de uma pequena companhia de guardas nacionais com o seu capitão e o seu tenente, surpreendidos e desarmados pelos seus *chasseurs* [caçadores]. Vinoy, o fugitivo, foi nomeado por Thiers grã-cruz da Legião de Honra, pela sua ordem de serviço para se abater qualquer soldado de linha apanhado nas fileiras dos federados. Desmarest, o gendarme, foi condecorado por, traiçoeiramente, ter cortado em pedaços, como um carniceiro, o generoso e cavalheiresco Flourens, que salvara as cabeças do Governo de Defesa Nacional em 31 de outubro de 1870.[41] "Pormenores animadores" desse assassinato foram triunfantemente desenvolvidos por Thiers na Assembleia Nacional. Com a exaltada vaidade de um anãozinho [*Tom Thumb*] parlamentar admitido a desempenhar o papel de um Tamerlão, negou aos rebeldes contra a sua pequenez qualquer direito de guerra civilizada, até mesmo o direito de neutralidade para ambulâncias. Nada mais horroroso que esse macaco, autorizado por algum tempo a dar largas aos seus instintos de tigre, como Voltaire já previra.[42] (Ver nota I)

Após o decreto da Comuna, de 7 de abril, que ordenava represálias e declarava ser seu dever "proteger Paris contra as façanhas canibalescas dos bandidos de Versalhes e res-

---

[41] Durante os acontecimentos de 31 de outubro, Flourens impediu o fuzilamento de membros do Governo de Defesa Nacional, pedido por um dos participantes na insurreição.

[42] Voltaire, *Candide*, capítulo 22.

ponder olho por olho, dente por dente",[43] Thiers não parou com o tratamento bárbaro de prisioneiros; ainda os insultou nos seus boletins, assim: – "Nunca figuras mais degradadas de uma democracia aviltada afligiram os olhares das pessoas honestas" – honestas como o próprio Thiers e os seus *ticket--of-leave-men* ministeriais. Contudo, a execução de prisioneiros foi suspensa por algum tempo. Mas logo que Thiers e os seus generais dezembristas[44] ficaram inteirados de que o decreto de represálias da Comuna não era mais do que uma ameaça vazia, de que eram poupados mesmo os seus espiões gendarmes apanhados em Paris disfarçados de guardas nacionais, de que eram poupados mesmo *sergents-de-ville* [agentes de polícia] apanhados tendo consigo bombas incendiárias – logo a execução de prisioneiros em massa foi retomada e prosseguida ininterruptamente até o fim. Casas onde guardas nacionais tinham se refugiado foram cercadas por gendarmes, regadas com petróleo (o que acontece aqui pela primeira vez nesta guerra) e incendiadas, sendo depois os cadáveres carbonizados levados pela ambulância da imprensa, de Les Ternes. Quatro guardas nacionais que se renderam, em 25 de abril, a uma companhia de *chasseurs* [caçadores] montados, em Belle Épine, foram depois abatidos, um após outro, pelo capitão, homem digno de Galliffet. Uma das suas quatro vítimas, deixada como morta, Scheffer, voltou arrastando-se até os postos avançados parisienses e fez um depoimento sobre esse fato perante uma comissão da Comuna. Quando Tolain interpelou o ministro da Guerra sobre o relatório dessa comissão, os rurais abafaram

---

[43] O decreto referido por Marx sobre os reféns foi aprovado pela Comuna em 5 de abril de 1871 (Marx data o decreto segundo a sua publicação pela imprensa inglesa). De acordo com esse decreto, todas as pessoas acusadas de ligações com Versalhes seriam consideradas reféns, caso se provasse a sua culpabilidade. Essa medida da Comuna de Paris visava impedir o fuzilamento dos *communards* pelos versalheses.

[44] Trata-se do golpe de Estado realizado por Luís Bonaparte em 2 de dezembro de 1851 e que marcou o início do regime bonapartista do segundo Império.

a sua voz e proibiram Le Flô de responder. Teria sido um insulto ao seu "glorioso" exército falar das suas proezas. O tom insolente com que os boletins de Thiers anunciaram o massacre à baioneta de federados surpreendidos enquanto dormiam em Moulin Saquet, e os fuzilamentos em massa, em Clamart, impressionaram até os nervos do não hipersensível *Times* de Londres.[45] Mas seria hoje ridículo tentar relatar as atrocidades meramente preliminares cometidas pelos que bombardearam Paris e fomentaram uma rebelião de escravistas protegidos pela invasão estrangeira. No meio de todos esses horrores, Thiers, esquecido dos seus lamentos parlamentares sobre a terrível responsabilidade que pesa sobre os seus ombros de anão, vangloria-se no seu boletim de que "*L'Assemblée siège paisiblement*" (a Assembleia continua reunida em paz) e prova, pelas suas constantes bacanais, ora com generais dezembristas, ora com príncipes alemães, que a sua digestão em nada é perturbada, nem mesmo pelos espectros de Lecomte e de Clément Thomas.

III

Na madrugada do 18 de março, Paris acordou com o rebentamento do trovão de "*Vive la Commune!*" [Viva a Comuna]. Que é a Comuna, essa esfinge que tanto atormenta o espírito burguês?

> Os proletários da capital – dizia o Comitê Central no seu manifesto do 18 de março – no meio dos desfalecimentos e das traições das classes governantes, compreenderam que para eles tinha chegado a hora de salvar a situação tomando em mãos a direção dos negócios públicos [...]. O proletariado [...] compreendeu que era seu dever imperioso e seu direito

---

[45] *The Times* (*Os Tempos*): grande jornal inglês, de tendência conservadora; publica-se em Londres desde 1785.

absoluto tomar em mãos os seus destinos e assegurar-lhes o triunfo conquistando o poder.

Mas a classe operária não pode apossar-se simplesmente da maquinaria de Estado já pronta e fazê-la funcionar para os seus próprios objetivos.

O poder centralizado do Estado, com os seus órgãos onipresentes: exército permanente, polícia, burocracia, clero e magistratura – órgãos forjados segundo o plano de uma sistemática e hierárquica divisão de trabalho – têm origem nos dias da monarquia absoluta, ao serviço da nascente sociedade burguesa como arma poderosa nas suas lutas contra o feudalismo. Contudo, o seu desenvolvimento permanecia obstruído por toda a espécie de entulho medieval, direitos senhoriais, privilégios locais, monopólios municipais e de guilda e constituições provinciais. A gigantesca vassourada da Revolução Francesa do século XVIII levou todas essas relíquias de tempos idos, limpando assim, simultaneamente, o terreno social dos seus últimos embaraços para a superestrutura do edifício do Estado moderno erguido sob o primeiro Império, ele próprio fruto das guerras de coalizão da velha Europa semifeudal contra a França moderna. Durante os *régimes* [regimes] subsequentes, o governo, colocado sob controle parlamentar – isto é, sob o controle direto das classes possidentes –, não apenas se tornou um viveiro de enormes dívidas nacionais e de impostos esmagadores; com os seus irresistíveis atrativos de lugares, proventos e clientela, não apenas se tornou o pomo de discórdia entre facções rivais e aventureiros das classes dirigentes; mas o seu caráter político mudou simultaneamente com as mudanças econômicas da sociedade. No mesmo passo em que o progresso da indústria moderna desenvolvia, alargava, intensificava o antagonismo de classe entre capital e trabalho, o poder de Estado assumia cada vez mais o caráter do poder nacional do capital sobre o trabalho, de uma força pública organizada para a escravização social, de uma máquina de despotismo de classe. Depois de qualquer revolução que marque um progresso na luta de classes, o caráter puramente repressivo do poder de Estado abre caminho com um relevo cada vez mais acentuado. A revolução de 1830, que resultou na transferência de governo dos senhores da terra para os capitalistas, transferiu-o dos mais remotos para os mais diretos antagonistas dos operários. Os republicanos burgueses, que em nome da revolução de fevereiro tomaram o poder de Estado, serviram-se dele para os massacres de junho, a fim de convencerem a classe operária de que a república "social" significava a república que assegurava a sua sujeição social, e a fim de convencerem a massa realista [partidária da realeza] da classe burguesa e dos senhores da terra de que podiam deixar com segurança os cuidados e emolumentos do governo aos "republicanos" burgueses. Contudo, após o seu único feito heroico de junho, os republicanos burgueses tiveram de recuar da frente para a retaguarda do "partido da ordem" – uma combinação formada por todas as frações e facções rivais dentre as classes apropriadas, no seu antagonismo agora abertamente declarado contra as classes produtoras. A forma adequada do seu governo de sociedade por ações foi a república parlamentar, com Luís Bonaparte por presidente. Foi um *régime* de confessado terrorismo de classe e de insulto deliberado para com a "vil multidão". Se a república parlamentar, como dizia sr. Thiers, "as dividia ao mínimo" (as diferentes frações da classe dirigente), ela abria um abismo entre essa classe e o corpo inteiro da sociedade fora das suas esparsas fileiras. As restrições com que as suas próprias divisões ainda tinham refreado o poder de Estado sob os *régimes* anteriores foram removidas com a sua união; e, em face da ameaça de levante do proletariado, ela servia-se agora do poder de Estado, impiedosa e ostentosamente, como máquina de guerra nacional do capital contra o trabalho. Na sua ininterrupta cruzada contra as massas produtoras, ela foi forçada, contudo, não só a investir o Executivo de poderes de repressão continuamente acrescidos, mas também, ao mesmo tempo, a despojar a sua própria fortaleza parlamentar – a Assembleia Nacional – de todos os seus meios de defesa, um após outro, contra o Executivo. Na pessoa de Luís Bonaparte, o Executivo a coloca para fora. O fruto natural da república do "partido da ordem" foi o segundo Império.

O império, com o *coup d'État* [golpe de Estado] por certidão de nascimento, o sufrágio universal por sanção e a espada por cetro, declarava se apoiar no campesinato, essa larga massa de produtores não envolvida diretamente na luta do capital e do trabalho. Declarava salvar a classe operária quebrando o parlamentarismo e, com ele, a indisfarçada subserviência do governo às classes possuidoras. Declarava salvar as classes possuidoras mantendo a supremacia econômica destas sobre a classe operária; e declarava, finalmente, unir todas as classes, fazendo reviver para todas a quimera da glória nacional. Na realidade, era a única forma de governo possível num tempo em que a burguesia já tinha perdido a faculdade de governar a nação e a classe operária ainda a não tinha adquirido. Foi aclamado através do mundo como o salvador da sociedade. Sob o seu domínio, a sociedade burguesa, liberta de cuidados políticos, atingiu um desenvolvimento inesperado, até para ela própria. A sua indústria e o seu comércio expandiram-se em dimensões colossais; a burla financeira celebrou orgias cosmopolitas; a miséria das massas era contrabalançada por uma exibição sem pudor de luxúria suntuosa, meretrícia e degradante. O poder de Estado, aparentemente voando alto acima da sociedade, era ele

A guerra civil na França

próprio, ao mesmo tempo, o maior escândalo dessa sociedade e o próprio viveiro de todas as suas corrupções. A sua própria podridão e a podridão da sociedade que ele havia salvo foram postas a nu pela baioneta da Prússia, ela própria ávida por transferir de Paris para Berlim a sede suprema deste *régime*. Ao mesmo tempo, a dominação imperial é a forma mais prostituída e derradeira do poder de Estado que a sociedade burguesa nascente tinha começado a elaborar como um meio da sua própria emancipação do feudalismo e que a sociedade burguesa plenamente desenvolvida tinha finalmente transformado num meio para a escravização do trabalho pelo capital.

A antítese direta do império foi a Comuna. O grito de "república social" com o qual a revolução de fevereiro foi anunciada pelo proletariado de Paris não fez mais do que expressar uma vaga aspiração por uma república que não apenas havia de pôr de lado a forma monárquica da dominação de classe. A Comuna foi a forma positiva dessa república.

Paris, a sede central do velho poder governamental e, ao mesmo tempo, a fortaleza social da classe operária francesa, levantara-se em armas contra a tentativa de Thiers e dos rurais para restaurar e perpetuar o velho poder governamental que o Império lhes legara. Paris apenas pôde resistir porque, em consequência do cerco, tinha se livrado do exército e o tinha substituído por uma Guarda Nacional que era, na sua massa, composta por operários. Esse fato tinha agora de ser transformado numa instituição. O primeiro decreto da Comuna, por isso, foi a supressão do exército permanente e a sua substituição pelo povo armado.

A Comuna foi formada por conselheiros municipais, eleitos por sufrágio universal nos vários bairros da cidade, responsáveis e revogáveis em qualquer momento. A maioria dos seus membros eram naturalmente operários ou representantes reconhecidos da classe operária. A Comuna havia de ser não um corpo parlamentar, mas operante, executivo e legislativo ao mesmo tempo. Em vez de continuar a ser o instrumento do governo central, a polícia foi logo despojada dos seus atributos políticos e transformada no instrumento da Comuna, responsável e revogável em qualquer momento. O mesmo aconteceu com os funcionários de todos os outros ramos da administração. Dos membros da Comuna para baixo, o serviço público tinha de ser feito em troca de salários de operários. Os direitos adquiridos e os subsídios de representação dos altos dignitários do Estado desapareceram com os próprios dignitários do Estado. As funções públicas deixaram de ser a propriedade privada dos testas de ferro do governo central. Não só a administração municipal, mas também toda a iniciativa até então exercida pelo Estado foram entregues nas mãos da Comuna.

Uma vez livre do exército permanente e da polícia, elementos da força física do antigo governo, a Comuna estava desejosa de quebrar a força espiritual de repressão, o "poder dos curas", pelo desmantelamento e expropriação de todas as igrejas enquanto corporações possuidoras. Os padres foram devolvidos aos retiros da vida privada, para terem aí o sustento das esmolas dos fiéis, à imitação dos seus predecessores, os apóstolos. Todas as instituições de educação foram abertas ao povo gratuitamente e ao mesmo tempo libertas de toda a interferência de igreja e Estado. Assim, não apenas a educação foi tornada acessível a todos, mas também a própria ciência liberta dos grilhões que os preconceitos de classe e a força governamental lhe tinham imposto.

Os funcionários judiciais haviam de ser despojados daquela falsa independência que só tinha servido para masca-

A guerra civil na França

rar a sua abjeta subserviência a todos os governos sucessivos, aos quais, um após outro, eles tinham prestado e quebrado juramento de fidelidade. Tal como os restantes servidores públicos, magistrados e juízes haviam de ser eletivos, responsáveis e revogáveis.

A Comuna de Paris havia obviamente de servir de modelo a todos os grandes centros industriais da França. Uma vez estabelecido o regime comunal em Paris e nos centros secundários, o velho governo centralizado teria de dar lugar, nas províncias também, ao autogoverno dos produtores. Num esboço tosco de organização nacional que a Comuna não teve tempo de desenvolver, estabeleceu-se claramente que a Comuna havia de ser a forma política mesmo dos menores povoados do campo, e que nos distritos rurais o exército permanente havia de ser substituído por uma milícia nacional com um tempo de serviço extremamente curto. As comunas rurais de todos os distritos administrariam os seus assuntos comuns por uma assembleia de delegados na capital de distrito e essas assembleias distritais, por sua vez, enviariam deputados à Delegação Nacional em Paris, sendo cada delegado revogável em qualquer momento e vinculado pelo *mandat impératif* [mandato imperativo] (instruções formais) dos seus eleitores. As poucas, mas importantes funções que ainda restariam a um governo central não seriam suprimidas, como foi intencionalmente dito de maneira deturpada, mas executadas por agentes comunais, e por conseguinte estritamente responsáveis. A unidade da nação não havia de ser quebrada, mas, ao contrário, organizada pela Constituição comunal e tornada realidade pela destruição do poder de Estado, o qual pretendia ser a encarnação dessa unidade, independente e superior à própria nação, de que não era senão uma excrescência parasitária. Enquanto os órgãos meramente repressivos do velho poder governamental haviam de ser amputados, as suas funções legítimas haviam de ser arrancadas a uma autoridade que usurpava a preeminência sobre a própria sociedade e restituídas aos agentes responsáveis da sociedade. Em vez de decidir, uma vez a cada três ou seis anos, que membro da classe governante havia de representar mal o povo no Parlamento, o sufrágio universal havia de servir o povo, constituído em Comunas, assim como o sufrágio individual serve qualquer outro patrão em busca de operários e administradores para o seu negócio. E é bem sabido que as companhias, como os indivíduos, em matéria de negócio real sabem geralmente como colocar o homem certo no lugar certo e, se alguma vez cometem um erro, como repará-lo prontamente. Por outro lado, nada poderia ser mais estranho ao espírito da Comuna do que substituir o sufrágio universal pela investidura[46] hierárquica.

É em geral a sorte de criações históricas completamente novas serem tomadas erradamente como a réplica de formas mais antigas e mesmo defuntas da vida social, com as quais podem sustentar uma certa semelhança. Assim, essa Comuna nova, que quebra o moderno poder de Estado, foi tomada erradamente como uma reprodução das Comunas medievais que precederam, primeiro, esse mesmo poder de Estado, e se tornaram depois o seu substrato. A Constituição Comunal foi tomada erradamente como uma tentativa para dispersar numa federação de pequenos Estados – como a sonharam Montesquieu e os Girondinos[47] – essa unidade de grandes nações que, embora realizada originalmente pela força po-

---

[46] Investidura: sistema de designação de funcionários que tem como característica a dependência total dos funcionários dos escalões mais baixos da hierarquia relativamente aos dos escalões mais elevados.

[47] Girondinos: na grande revolução burguesa francesa de fins do século XVIII, partido da grande burguesia (deve a sua designação ao Departamento da Gironde), atuou contra o governo jacobino e as massas revolucionárias que o apoiavam sob a bandeira da defesa dos direitos dos Departamentos à autonomia e à federação.

lítica, agora se tornou um poderoso coeficiente de produção social. O antagonismo da Comuna contra o poder de Estado foi tomado erradamente como uma forma exagerada da antiga luta contra a ultracentralização. Circunstâncias históricas peculiares podem ter impedido o desenvolvimento clássico, como na França, da forma burguesa de governo e podem ter permitido, como na Inglaterra, completar os grandes órgãos centrais de Estado por assembleias paroquiais (*vestries*) corruptas, por conselheiros traficantes, por ferozes administradores da assistência pública (*poor-law guardians*) nas cidades e por magistrados virtualmente hereditários nos condados. A Constituição Comunal teria restituído ao corpo social todas as forças até então absorvidas pelo Estado parasita, que se alimenta da sociedade e lhe estorva o livre movimento. Por esse único ato ela teria iniciado a regeneração da França. A classe média francesa provincial viu na Comuna uma tentativa para restaurar a preponderância que a sua ordem manteve sobre o campo com Luís Felipe e que foi suplantada, com Luís Napoleão, pela pretensa dominação do campo sobre as cidades. Na realidade, a Constituição Comunal colocaria os produtores rurais sob a direção intelectual das capitais dos seus distritos e estas ter-lhes-iam assegurado, nos operários, os naturais procuradores dos seus interesses. A própria existência da Comuna implicava, como uma coisa evidente, liberdade municipal local, mas não como um obstáculo ao poder de Estado, agora substituído. Só podia passar pela cabeça de um Bismarck, o qual, quando não comprometido nas suas intrigas de sangue e ferro, gosta sempre de retomar a sua velha ocupação, tão conveniente ao seu calibre mental, de colaborador do *Kladderadatsch*[48] (*o Punch* de Berlim),[49]

---

[48] *Kladderadatsch*: semanário satírico ilustrado, editado em Berlim em 1848.
[49] *Punch, or the London Charivari* (*Polichinelo, ou o Charivari de Londres*): semanário humorístico inglês de tendência liberal burguesa, publicado em Londres a partir de 1841.

só em tal cabeça podia entrar o atribuir à Comuna de Paris aspirações a essa caricatura da velha organização municipal francesa de 1791 – a constituição municipal prussiana – que rebaixa os governos das cidades a meras rodas secundárias na maquinaria policial do Estado prussiano. A Comuna fez uma realidade dessa deixa das revoluções burguesas – governo barato – destruindo as duas maiores fontes de despesa: o exército permanente e o funcionalismo de Estado. A sua própria existência pressupunha a não existência de monarquia, a qual, pelo menos na Europa, é o lastro normal e o disfarce indispensável da dominação de classe. Ela fornecia à república a base de instituições realmente democráticas. Mas nem governo barato nem "república verdadeira" eram o seu alvo último; eram-lhe meramente concomitantes.

A multiplicidade de interpretações a que a Comuna esteve sujeita e a multiplicidade de interesses que a explicaram em seu favor mostram que ela era uma forma política inteiramente expansiva, ao passo que todas as formas anteriores de governo têm sido marcadamente repressivas. Era este o seu verdadeiro segredo: ela era essencialmente um governo da classe operária, o produto da luta da classe produtora contra a apropriadora, a forma política, finalmente descoberta, com a qual se realiza a emancipação econômica do trabalho.

Não fosse essa última condição, a Constituição Comunal teria sido uma impossibilidade e um engano. A dominação política do produtor não pode coexistir com a perpetuação da sua escravidão social. A Comuna havia pois de servir como uma alavanca para extirpar os fundamentos econômicos sobre os quais assenta a existência de classes e, por conseguinte, a dominação de classe. Emancipado o trabalho, todo o homem se torna um trabalhador e o trabalho produtivo deixa de ser um atributo de classe.

É um estranho fato. Apesar de toda a conversa grandiloquente e toda a imensa literatura dos últimos 60 anos sobre a emancipação do trabalho, assim que em qualquer parte os trabalhadores tomam o assunto nas suas próprias mãos com determinação, surge logo toda a fraseologia apologética dos porta-vozes da presente sociedade com os seus dois pólos: capital e escravatura assalariada (o senhor da terra não é agora senão o sócio comanditário do capitalista), como se a sociedade capitalista ainda estivesse no seu mais puro estado de inocência virginal, com os seus antagonismos ainda não desenvolvidos, os seus enganos ainda não desmascarados, as suas realidades prostituídas ainda não postas a nu. A Comuna, exclamam eles, tenciona abolir a propriedade, base de toda a civilização! Sim, senhores, a Comuna tencionava abolir toda essa propriedade de classe que faz do trabalho de muitos a riqueza de poucos. Ela aspirava à expropriação dos expropriadores. Queria fazer da propriedade individual uma realidade transformando os meios de produção, terra e capital, agora principalmente meios de escravizar e explorar o trabalho, em meros instrumentos de trabalho livre e associado. – Mas isso é comunismo, comunismo "impossível"! Ora, pois, aqueles membros das classes dominantes que são bastante inteligentes para perceber a impossibilidade de continuar o sistema presente – e são muitos – tornaram-se os apóstolos, importunos e de voz cheia, da produção cooperativa. Se não cabe à produção cooperativa permanecer uma fraude e uma armadilha; se lhe cabe suplantar o sistema capitalista; se cabe às sociedades cooperativas unidas regular a produção nacional segundo um plano comum, tomando-a assim sob o seu próprio controle e pondo termo à anarquia constante e às convulsões periódicas que são a fatalidade da produção capitalista – que seria isso, senhores, senão comunismo, comunismo "possível"?

A classe operária não esperou milagres da Comuna. Ela não tem utopias prontas a introduzir *par décret du peuple* [por decreto do povo]. Sabe que para realizar a sua própria emancipação – e com ela essa forma superior para a qual tende irresistivelmente a sociedade presente pela sua própria atividade econômica – terá de passar por longas lutas, por uma série de processos históricos que transformam circunstâncias e homens. Não tem de realizar ideais, mas libertar os elementos da sociedade nova de que está grávida a própria velha sociedade burguesa em colapso. Na plena consciência da sua missão histórica e com a resolução heroica de agir à altura dela, a classe operária pode se permitir sorrir à invectiva grosseira dos lacaios de pluma e tinteiro e ao patrocínio didático dos doutrinadores burgueses de boas intenções, que derramam as suas trivialidades ignorantes e as suas manias sectárias no tom oracular da infalibilidade científica.

Quando a Comuna de Paris tomou a direção da revolução nas suas próprias mãos; quando simples operários ousaram pela primeira vez infringir o privilégio governamental dos seus "superiores naturais" e, em circunstâncias de dificuldade, sem exemplo, executaram a sua obra modesta, conscienciosa e eficazmente – executaram-na com salários, o mais elevado dos quais mal atingia, segundo uma alta autoridade científica,[50] um quinto do mínimo requerido para uma secretária de certo conselho escolar de Londres – o velho mundo contorceu-se em convulsões de raiva, à vista da Bandeira Vermelha, símbolo da República do Trabalho, a flutuar sobre o Hôtel de Ville.

E, contudo, era a primeira revolução em que a classe operária era abertamente reconhecida como a única classe ca-

---

[50] Professor Huxley. (Nota da edição alemã de 1871)

paz de iniciativa social, mesmo pela grande massa da classe média de Paris – lojistas, comerciantes, negociantes – excetuados só os capitalistas ricos. A Comuna tinha salvo aqueles por uma sagaz regulamentação dessa causa permanentemente repetida de disputa entre as próprias classes médias: as contas de deve e haver.[51] A mesma parte da classe média, depois de ter ajudado a derrotar a insurreição operária de junho de 1848, foi logo sacrificada sem cerimônias aos seus credores[52] pela então Assembleia Constituinte. Mas esse não era o seu único motivo para se juntar agora em torno da classe operária. Ela sentia que só havia uma alternativa – a Comuna ou o império – qualquer que fosse o nome com que pudesse reaparecer. O império tinha a arruinado economicamente pela devastação que fez da riqueza pública, pela burla financeira em grande escala, que encorajou, pelos adereços que emprestou à centralização artificialmente acelerada de capital e pela expropriação concomitante nas suas próprias fileiras. Ele tinha a suprimido politicamente, tinha a escandalizado moralmente pelas suas orgias, tinha insultado o seu voltairianismo ao entregar a educação dos seus filhos aos *frères ignorantins*,[53] tinha revoltado o seu sentimento nacional francês ao precipitá-la de cabeça numa guerra que só deixava um equivalente para as ruínas que fizera: o desaparecimento do império. De fato, após o êxodo de Paris

---

[51] Trata-se do decreto da Comuna de Paris de 16 de abril de 1871 prorrogando por três anos o prazo de pagamentos de todas as dívidas e abolindo o pagamento de juros por elas.

[52] Marx alude à rejeição pela Assembleia Constituinte, em 22 de agosto de 1848, do projeto de lei sobre as "concordatas amigáveis"(*concordats à l'amiable*), que previa o adiamento do pagamento das dívidas. Em consequência disso, uma significativa parte da pequena burguesia caiu na ruína e ficou na dependência dos credores, membros da grande burguesia.

[53] *Frères ignorantins* (irmãos ignorantinhos): designação de uma ordem religiosa que surgiu em Reims em 1680, cujos membros se dedicavam a ensinar crianças pobres; nas escolas da ordem os alunos recebiam sobretudo uma educação religiosa, adquirindo conhecimentos muito exíguos dos outros domínios

de toda a alta *bohême* [boemia] bonapartista e capitalista, o verdadeiro partido da ordem da classe média apareceu na forma da "Union Républicaine",[54] alistando-se sob as cores da Comuna e defendendo-a contra a deturpação premeditada de Thiers. O tempo terá de mostrar se a gratidão desse grande corpo da classe média resistirá à severa prova atual.

A Comuna tinha inteira razão ao dizer aos camponeses: "A nossa vitória é a vossa única esperança." De todas as mentiras saídas da casca em Versalhes e repercutidas pelo glorioso europeu *penny-a-liner* [escritor barato], uma das mais tremendas foi a de que os rurais representavam o campesinato francês. Pense-se só no amor do camponês francês pelos homens a quem teve de pagar, depois de 1815, os bilhões de indenização.[55] Aos olhos do camponês francês, a própria existência de um grande proprietário fundiário é em si uma usurpação sobre as suas conquistas de 1789. O burguês, em 1848, tinha lhe sobrecarregado a parcela de terra com a taxa adicional de 45 centavos por franco; mas o fez, então, em nome da revolução; ao passo que, agora, tinha fomentado uma guerra civil contra a revolução para atirar sobre os ombros do camponês o fardo principal dos 5 bilhões de indenização a pagar ao prussiano. A Comuna, por outro lado, numa das suas primeiras proclamações, declarava que os verdadeiros causadores da guerra teriam de ser levados a pagar o seu custo. A Comuna teria libertado o camponês do imposto de sangue – ter-lhe-ia dado um governo barato –, teria transformado as suas atuais sanguessugas, o

---

[54] *Union républicaine des départements* (União Republicana dos Estados): organização política composta por representantes das camadas pequeno-burguesas, oriundos das diversas regiões de França e que viviam em Paris; apelou para a luta contra o governo de Versalhes e a Assembleia Nacional monárquica e para o apoio à Comuna de Paris em todos os Departamentos.

[55] Marx alude à lei de 27 de abril de 1825 sobre o pagamento aos ex-emigrados de indenizações pelas propriedades rurais que lhes tinham sido confiscadas durante a revolução burguesa francesa.

notário, o advogado, o oficial de diligências e outros vampiros judiciais, em agentes comunais assalariados, eleitos por ele e perante ele responsáveis. Tê-lo-ia livrado da tirania do *garde champêtre* [guarda rural], do gendarme e do prefeito; teria posto o esclarecimento pelo mestre-escola no lugar da estultificação pelo padre. E o camponês francês é, acima de tudo, um homem de cálculo. Teria achado extremamente razoável que a dívida do padre, em vez de ser extorquida pelo cobrador de impostos, estivesse apenas dependente da ação espontânea dos instintos religiosos dos paroquianos. Tais eram as grandes vantagens imediatas que o governo da Comuna – e só esse governo – oferecia ao campesinato francês. É pois inteiramente supérfluo desenvolver aqui os problemas mais complicados, mas vitais, que só a Comuna estava apta, e ao mesmo tempo forçada, a resolver em favor do camponês, isto é, a dívida hipotecária, jazendo como um pesadelo sobre a sua parcela de solo, o *prolétariat foncier* [proletariado rural] que sobre ela crescia diariamente, e a sua expropriação dessa parcela, imposta a um ritmo cada vez mais rápido pelo próprio desenvolvimento da agricultura moderna e da concorrência da lavoura capitalista.

O camponês francês tinha eleito Luís Bonaparte presidente da República; mas o partido da ordem criou o império. Aquilo que o camponês francês quer realmente, começou a mostrá-lo em 1849 e 1850, opondo o seu *maire* [presidente da câmara municipal] ao prefeito do governo, o seu mestre-escola ao padre do governo e opondo-se ele próprio ao gendarme do governo. Todas as leis feitas pelo partido da ordem em janeiro e fevereiro de 1850 eram medidas confessas de repressão contra o camponês. O camponês era bonapartista porque a grande revolução, com todos os benefícios que lhe trouxe, estava personificada, aos seus olhos, em Napoleão. Essa ilusão, rapidamente destruída sob o segundo Império (e, pela sua própria natureza, hostil aos rurais), esse preconceito do passado, como poderia ter resistido ao apelo da Comuna aos interesses vitais e necessidades urgentes do campesinato?

Os rurais – era essa, de fato, a sua principal apreensão – sabiam que três meses de comunicação livre da Paris da Comuna com as províncias levaria a um levante geral dos camponeses; daí a sua ânsia em estabelecer um bloqueio de polícia à volta de Paris, como para fazer parar a propagação da peste bovina.

Se a Comuna era, assim, o verdadeiro representante de todos os elementos sãos da sociedade francesa e, portanto, o verdadeiro governo nacional, ela era ao mesmo tempo, como governo de operários, como campeã intrépida da emancipação do trabalho, expressivamente internacional. A vista do exército prussiano, que tinha anexado à Alemanha duas províncias francesas, a Comuna anexava à França o povo trabalhador do mundo inteiro.

O segundo Império tinha sido o jubileu da vigarice cosmopolita, com os devassos de todos os países a precipitarem-se ao seu chamamento para participarem nas suas orgias e na pilhagem do povo francês. Mesmo nesse momento, o braço direito de Thiers é Ganesco, o valáquio imundo, e o seu braço esquerdo é Markovski, espião russo. A Comuna concedeu a todos os estrangeiros a honra de morrer por uma causa imortal. Entre a guerra estrangeira, perdida pela traição da burguesia, e a guerra civil, provocada pela sua conspiração com o invasor estrangeiro, a burguesia tinha encontrado tempo para exibir o seu patriotismo organizando caçadas policiais aos alemães na França. A Comuna fez de um operário alemão[56] o seu ministro do Trabalho. Thiers, a burguesia, o segundo Império, tinham continuamente enganado a Polônia com

---

[56] Leo Frankel.

ruidosas profissões de simpatia, entregando-a, na realidade, à Rússia, e fazendo o trabalho sujo desta. A Comuna honrou os filhos heroicos da Polônia[57] colocando-os à frente dos defensores de Paris. E, para marcar amplamente a nova era da história que ela estava consciente de iniciar, a Comuna deitou abaixo esse símbolo colossal da glória marcial, a Coluna de Vendôme,[58] sob os olhos dos vencedores prussianos, por um lado, e do exército bonapartista dirigido por generais bonapartistas, por outro.

A grande medida social da Comuna foi a sua própria existência atuante. As suas medidas especiais não podiam senão denotar a tendência de um governo do povo pelo povo. Tais foram a abolição do trabalho noturno dos oficiais de padaria; a proibição, com penalização da prática dos patrões que consistia em reduzir salários cobrando multas à gente que trabalha para eles, sob variados pretextos – um processo em que o patrão combina na sua própria pessoa os papéis de legislador, de juiz e de executor e surrupia o dinheiro para o bolso. Outra medida dessa espécie foi a entrega a associações de operários, sob reserva de compensação, de todas as oficinas e fábricas fechadas, quer os capitalistas respectivos tivessem fugido, quer tivessem preferido parar o trabalho.

As medidas financeiras da Comuna, notáveis pela sua sagacidade e moderação, só podiam ser as que eram compatíveis com o estado de uma cidade cercada. Considerando os roubos colossais cometidos sobre a cidade de Paris pelas grandes companhias financeiras e pelos empreiteiros, com

---

[57] J. Dombrowski e W. Wróblewski.
[58] A Coluna de Vendôme foi construída em 1806-1810 em Paris em honra das vitórias da França napoleônica; foi fundida com o bronze dos canhões inimigos capturados e era encimada por uma estátua de Napoleão. Em 16 de maio de 1871, por decisão da Comuna de Paris, a Coluna de Vendôme foi derrubada; em 1875, foi reconstruída pela reação.

a proteção de Haussmann,[59] a Comuna teria tido um direito (*title*) incomparavelmente melhor para lhes confiscar a propriedade do que Luís Napoleão teve contra a família Orléans. Os Hohenzollern e os oligarcas ingleses, que colheram, uns e outros, uma grande parte das suas propriedades da pilhagem da Igreja, ficaram grandemente chocados, naturalmente, com os apenas 8 mil francos que a Comuna retirou da secularização.

Enquanto o governo de Versalhes, mal recuperou algum ânimo e alguma força, usava os meios mais violentos contra a Comuna; enquanto suprimia a livre expressão da opinião por toda a França, proibindo até mesmo reuniões de delegados das grandes cidades; enquanto submetia Versalhes e o resto da França a uma espionagem que ultrapassou de longe a do segundo Império; enquanto queimava pelos seus inquisidores-gendarmes todos os jornais impressos em Paris e inspecionava toda a correspondência de e para Paris; enquanto na Assembleia Nacional as mais tímidas tentativas para colocar uma palavra a favor de Paris eram submergidas em gritaria, de uma maneira desconhecida mesmo da *Chambre introuvable* de 1816; com a guerra selvagem de Versalhes fora de Paris e, dentro, as suas tentativas de corrupção e conspiração – não teria a Comuna atraiçoado vergonhosamente a sua segurança, pretendendo respeitar todas as boas maneiras e aparências de liberalismo como num tempo de profunda paz? Tivesse o governo da Comuna sido semelhante ao do sr. Thiers e não teria havido mais ocasião para suprimir jornais do partido da ordem em Paris do que houve para suprimir jornais da Comuna em Versalhes.

---

[59] Durante o segundo Império, o barão Haussmann foi prefeito do Departamento do Sena, isto é, da Cidade de Paris. Introduziu uma quantidade de alterações no plano da cidade com o propósito de facilitar o esmagamento de insurreições operárias. (Nota da edição russa de 1905, publicada sob a direção de V. I. Lenin)

Era na verdade irritante para os rurais que, no próprio momento em que declaravam ser o regresso à Igreja o único meio de salvação da França, a Comuna infiel desenterrasse os mistérios peculiares do convento de freiras de Picpus e da Igreja de Saint-Laurent.[60] Era uma sátira contra sr. Thiers o fato de que, enquanto ele fazia chover grã-cruzes sobre os generais bonapartistas, em reconhecimento da sua maestria em perder batalhas, a assinar capitulações e a enrolar cigarros em Wilhelmshöhe,[61] a Comuna demitia e prendia os seus generais sempre que eram suspeitos de negligência para com os seus deveres. A expulsão e prisão, pela Comuna, de um dos seus membros,[62] que nela tinha se esgueirado sob um falso nome e sofrido seis dias de prisão em Lyon por bancarrota simples, não era um insulto deliberado, atirado a Jules Favre, o falsário, então ainda ministro dos Negócios Estrangeiros da França, ainda vendendo a França a Bismarck e ainda ditando as suas ordens a esse governo-modelo da Bélgica? Mas, na verdade, a Comuna não aspirava à infalibilidade, o atributo invariável de todos os governos de velho cunho. Ela publicava os seus ditos e feitos, inteirava o público de todas as suas falhas.

Em cada revolução intrometem-se, ao lado dos seus representantes verdadeiros, homens de um cunho diferente; alguns deles sobreviventes e devotos de revoluções passadas, sem discernimento do movimento presente, mas conservando influência popular pela sua honestidade e coragem conhecidas

---

[60] No convento de Picpus foram descobertos casos de reclusão de freiras em celas durante muitos anos; foram encontrados também instrumentos de tortura; na Igreja de Saint-Laurent foi descoberto um cemitério clandestino, prova de que eram cometidos assassínios. A Comuna divulgou esses fatos no jornal *Mot d'Ordre* (*Palavra de Ordem*) de 5 de maio de 1871, e também na brochura *Les crimes des congrégations religieuses* (*Os crimes das congregações religiosas*).

[61] A principal ocupação dos prisioneiros de guerra franceses em Wilhelmshöhe era fazer cigarros para uso próprio.

[62] Blanchet.

Karl Marx

ou pela simples força da tradição; outros, meros vociferadores, que, à força de repetir ano após ano o mesmo tipo de declamações estereotipadas contra o governo do dia, se insinuaram na reputação de revolucionários de primeira viagem. Depois do 18 de março também surgiram tais homens e, em alguns casos, imaginaram desempenhar papéis preeminentes. A tanto quanto chegou o seu poder, estorvaram a ação real da classe operária, exatamente como homens dessa espécie tinham estorvado o pleno desenvolvimento de cada revolução anterior. São um mal inevitável: com o tempo são derrubados; mas tempo não foi concedido à Comuna. Prodigiosa, na verdade, foi a mudança que a Comuna operou em Paris! Não mais qualquer traço da Paris meretrícia do segundo Império. Paris já não era o ponto de encontro dos senhores da terra britânicos, dos absentistas irlandeses,[63] dos ex-escravistas e ricos feitos à pressa[64] americanos, dos ex-proprietários de servos russos e dos boiardos valáquios. Não mais cadáveres no necrotério, nem arrombamentos noturnos, quase nenhum roubo; de fato, pela primeira vez desde os dias de fevereiro de 1848, as ruas de Paris eram seguras, e isto sem qualquer polícia de qualquer espécie.

> Já não ouvimos falar – dizia um membro da Comuna – de assassínios, de roubos nem de agressões; dir-se-ia que a polícia levou mesmo com ela para Versalhes toda a sua clientela conservadora.

As *cocottes* [cocotes] tinham reencontrado o rasto dos seus protetores – os homens de família, de religião e, acima de

---

[63] Absentistas: grandes proprietários fundiários que habitualmente não viviam nas suas propriedades, que eram administradas por agentes rurais ou arrendadas a intermediários especuladores que, por sua vez, as entregavam em subarrendamento, em condições leoninas, a pequenos rendeiros.

[64] No original: *shoddy aristocrats*. *Shoddy*: restos de algodão que ficam nos pentes depois da cardagem, matéria inútil e sem qualquer valor até que se encontrou um meio de tratamento e aproveitamento da mesma. Nos EUA chamava-se *shoddy aristocrats* aos homens que tinham enriquecido rapidamente com a guerra civil.

tudo, de propriedade, em fuga. Em vez daquelas, as verdadeiras mulheres de Paris apareceram de novo à superfície, heroicas, nobres e dedicadas, como as mulheres da Antiguidade. A Paris operária, pensante, combatente, a sangrar – quase esquecida, na sua incubação de uma sociedade nova, dos canibais às suas portas – radiante no entusiasmo da sua iniciativa histórica!

Oposto a esse mundo novo em Paris, observe-se o mundo velho em Versalhes – essa assembleia dos vampiros de todos os *régimes* defuntos, legitimistas e orleanistas, ávidos de se alimentarem da carcaça da nação – com uma cauda de republicanos antediluvianos, sancionando com a sua presença na Assembleia a rebelião dos escravistas, fiando-se, para a manutenção da sua república parlamentar, na vaidade do charlatão senil à sua cabeça, e caricaturando 1789 ao realizarem as suas reuniões de espectros no *Jeu de Paume*.[65] Ali estava ela, essa assembleia, a representante de tudo o que estava morto na França, mantida numa aparência de vida só pelos sabres dos generais de Luís Bonaparte. Paris toda ela verdade, Versalhes toda ela mentira; e essa mentira, exalada pela boca de Thiers.

Thiers diz a uma delegação de prefeito de município de Seine-et-Oise: "Podeis contar com a minha palavra, nunca faltei a ela".

Diz à própria Assembleia que "ela é a mais livremente eleita e a mais liberal que a França teve alguma vez"; diz à sua soldadesca heterogênea que ela era "a admiração do mundo e o mais belo exército que a França jamais teve"; diz às províncias que o bombardeio de Paris, por ele, era um

---

[65] Em francês no texto: Jogo da Péla. (Sala de jogos onde a Assembleia Nacional de 1789 tomou as suas célebres decisões. Em 9 de julho de 1789 a Assembleia Nacional da França proclamou-se Assembleia Constituinte e realizou as primeiras transformações antifeudais e antiabsolutistas. Nota de Engels à edição alemã de 1871).

mito: "Se foram atirados alguns tiros de canhão, não foi pelo exército de Versalhes, mas por alguns insurgentes, para fazer crer que se batem quando nem sequer ousam mostrar-se".

Diz outra vez às províncias que "a artilharia de Versalhes não bombardeia Paris, apenas a canhoneia".

Diz ao arcebispo de Paris que as pretensas execuções e represálias (!) atribuídas às tropas de Versalhes era tudo disparate. Diz a Paris que só estava ansioso "por libertá-la dos horríveis tiranos que a oprimem" e que, na realidade, a Paris da Comuna não era "mais do que um punhado de celerados".

A Paris do sr. Thiers não era a Paris real da "vil multidão", mas uma Paris fantasma, a Paris dos *franc-fileurs*,[66] a Paris macho e fêmea dos *Boulevards* [avenidas arborizadas] – a Paris rica, capitalista, dourada, preguiçosa, que se apinhava agora em Versalhes, Saint-Denis, Rueil e Saint-Germain com os seus lacaios, os seus fura-greves, a sua *bohême* literária e as suas *cocottes*; que considerava a guerra civil só uma diversão agradável, que olhava o desenrolar da batalha através de telescópios, que contava os tiros de canhão e jurava pela sua própria honra e pela das suas prostitutas que o espetáculo estava de longe mais bem montado do que o que costumava ser à Porte-Saint-Martin. Os homens que caíam estavam realmente mortos; os gritos dos feridos eram gritos verdadeiros; e, além disso, a coisa era toda ela tão intensamente histórica.

É essa a Paris do sr. Thiers, como a emigração de Koblenz era a França de M. de Calonne.[67]

---

[66] *Franc-fileurs* (literalmente "franco-fugitivos"): alcunha desdenhosa dada aos burgueses parisienses que fugiram da cidade durante o cerco. A alcunha tinha um caráter irônico dada a sua analogia com a palavra *franc-fileurs* (franco-atiradores), designação dos guerrilheiros franceses que participaram ativamente na luta contra os prussianos.

[67] *Koblenz:* cidade da Alemanha. Durante a revolução burguesa francesa de fins do século XVIII foi o centro da emigração da nobreza monárquica e da preparação da

IV

A primeira tentativa da conspiração dos escravistas para subjugar Paris trazendo os prussianos a ocupá-la foi frustrada pela recusa de Bismarck. A segunda tentativa, a do 18 de março, terminou na derrota do exército e na fuga para Versalhes do governo, que ordenou a toda a administração que dispersasse e fosse atrás dele. Graças à aparência de negociações de paz com Paris, Thiers encontrou tempo para preparar a guerra contra ela. Mas onde encontrar um exército? Os restos dos regimentos de linha eram fracos em número e inseguros em caráter. O seu apelo urgente às províncias para socorrer Versalhes, com os seus guardas nacionais e voluntários, encontrou uma recusa nítida. Só a Bretanha forneceu um punhado de *Chouans*,[68] combatendo sob uma bandeira branca, cada um deles usando ao peito o coração de Jesus em tecido branco e gritando *"Vive le Roi!"* (Viva o Rei!). Thiers foi assim forçado a reunir, apressadamente, um bando heterogêneo composto por marinheiros, soldados da marinha, zuavos pontifícios, gendarmes de Valentin e *sergents-de-ville* [agentes de polícia] e *mouchards* [espiões] de Piétri. Este exército, contudo, teria sido ridiculamente ineficaz sem as entregas dos prisioneiros das guerras imperiais, que Bismarck garantia em números precisamente suficientes para manter a guerra civil em marcha e manter o governo de Versalhes em abjeta dependência da Prússia. Durante a própria guerra, a polícia de Versalhes tinha de olhar pelo exército de Versalhes, enquanto os gendarmes tinham de arrastá-lo, expondo-se eles próprios a todos os postos de perigo. Os fortes que caíram não foram toma-

---

intervenção contra a França revolucionária. Em Koblenz encontrava-se o governo emigrado chefiado por Calonne, ultrarreacionário, ex-ministro de Luís XVI.

68 *Chouans:* designação dada pelos *communards* a um destacamento monárquico do exército de Versalhes, recrutado na Bretanha, por analogia com os participantes na insurreição contrarrevolucionária no Noroeste da França durante a revolução burguesa francesa de fins do século XVIII.

dos, mas comprados. O heroísmo dos Federados convenceu Thiers de que a resistência de Paris não havia de ser quebrada pelo seu próprio gênio estratégico nem pelas baionetas à sua disposição.

Entretanto, as suas relações com as províncias tornavam-se cada vez mais difíceis. Não veio uma só mensagem de aprovação para animar Thiers e os seus rurais. Muito ao contrário. Delegações e mensagens pedindo, num tom tudo menos respeitoso, a reconciliação com Paris na base do reconhecimento inequívoco da República, o reconhecimento das liberdades comunais e a dissolução da Assembleia Nacional, cujo mandato estava extinto, entravam em chusma por todos os lados e em números tais, que Dufaure, ministro da Justiça de Thiers, na sua circular de 23 de abril aos procuradores públicos, ordenava-lhes que tratassem como um crime "o grito de conciliação"! Contudo, perante a perspectiva sem esperança oferecida pela sua campanha, Thiers resolveu mudar a sua tática, ordenando que se realizassem eleições municipais por todo o país, em 30 de abril, na base da nova lei municipal por ele próprio ditada à Assembleia Nacional. Em parte com as intrigas do seus prefeitos, em parte com a intimidação da polícia, ele sentia-se inteiramente confiante em comunicar à Assembleia Nacional, graças ao veredicto das províncias, esse poder moral que ela nunca possuiu e em conseguir, finalmente, das províncias, a força física requerida para a conquista de Paris.

A sua guerra de *banditti* [bandidos] contra Paris, exaltada nos seus próprios boletins, e as tentativas dos seus ministros de estabelecimento de um reino de terror em toda a França, era o que, desde o princípio, Thiers estava ansioso por acompanhar com uma pequena mímica de conciliação, que havia de servir mais do que um propósito. Era para enganar as províncias, para seduzir os elementos da classe média em Paris e, acima de tudo, para proporcionar aos pretensos republicanos na Assembleia Nacional a oportunidade de esconder a sua traição para com Paris atrás da sua fé em Thiers. Em 21 de março, quando ainda sem um exército, ele tinha declarado à Assembleia: "Haja o que houver, não mandarei exército nenhum contra Paris".

Em 27 de março, erguia-se outra vez: "Encontrei a República como um fato consumado e estou firmemente resolvido a mantê-la".

Na realidade, subjugava a revolução em Lyon e Marselha[69] em nome da República, enquanto os rugidos dos seus rurais abafavam a própria menção do nome dela em Versalhes. Depois dessa façanha reduziu o "fato consumado" a um fato hipotético. Os príncipes Orléans, que tinha cautelosamente posto a salvo fora de Bordeaux, eram agora autorizados, em flagrante violação da lei, a intrigar em Dreux. As concessões oferecidas por Thiers nas suas intermináveis entrevistas com os delegados de Paris e das províncias, se bem que constantemente variadas em tom e cor, conforme o tempo e as circunstâncias, nunca chegaram de fato a mais do que à restrição, em perspectiva, da vingança ao "punhado de criminosos implicados no assassínio de Lecomte e Clément Thomas" na premissa bem compreendida de que Paris e a França haviam de aceitar sem reservas o próprio sr. Thiers como a melhor das repúblicas possível, tal como em 1830 ele tinha feito com Luís Felipe. Porém, até mesmo essas próprias concessões, não só teve o cuidado de as tornar duvidosas pelos comentários oficiais lançados sobre elas na Assembleia pelos seus ministros. Ele tinha o seu Dufaure

---

[69] Sob a influência da revolução proletária em Paris, que levou à criação da Comuna de Paris, em Lyon e Marselha verificaram-se ações revolucionárias com o objetivo de proclamar a Comuna. No entanto, a ação das massas populares foi cruelmente esmagada pelas tropas governamentais.

para agir. Dufaure, esse velho advogado orleanista, tinha sido sempre o administrador da justiça do estado de sítio, como agora em 1871, sob Thiers, assim em 1839 sob Luís Felipe e em 1849 sob a presidência de Luís Bonaparte. Enquanto fora de serviço, fez uma fortuna advogando pelos capitalistas de Paris e fez capital político advogando contra as leis que ele próprio tinha criado. Agora acelerava por meio da Assembleia Nacional não só um conjunto de leis repressivas que haviam de extirpar, após a queda de Paris, os últimos restos da liberdade republicana na França; ele prenunciava o destino de Paris abreviando o processo, demasiado lento para ele, dos tribunais militares,[70] e mediante um recém-inventado código de deportação draconiano. A revolução de 1848, ao abolir a pena de morte para crimes políticos, tinha a substituído pela deportação. Luís Bonaparte não ousou, pelo menos em teoria, restabelecer o *régime* da guilhotina. A Assembleia dos rurais, ainda não suficientemente arrojada, mesmo para insinuar que os parisienses não eram rebeldes, mas assassinos, tinha, assim, de confinar a sua vingança em perspectiva contra Paris ao novo código de deportação de Dufaure. Sob todas estas circunstâncias, o próprio Thiers não teria podido continuar com a sua comédia de conciliação, se esta não tivesse arrancado – como ele entendia que ela tinha de fazer – guinchos de raiva dos rurais, cujo espírito de ruminantes não compreendia nem o jogo nem as suas necessidades de hipocrisia, tergiversação e procrastinação.

À vista das eleições municipais iminentes de 30 de abril, Thiers desempenhou em 27 de abril uma das suas grandes cenas de conciliação. No meio de uma torrente de retórica sentimental, exclamou da tribuna da Assembleia:

---

[70] Segundo a lei sobre o processo nos tribunais militares, apresentada por Dufaure à Assembleia Nacional, os processos deviam ser concluídos e as sentenças executadas num prazo de 48 horas.

A guerra civil na França

> Não há conspiração contra a República a não ser a de Paris, que nos obriga a derramar sangue francês. Disse-o e volto ainda a dizê-lo: caiam essas armas ímpias das mãos que as detêm e o castigo cessará logo por um ato de demência, de que só será excluído o pequeno número dos criminosos de direito comum.

À violenta interrupção dos rurais, replicou:

> Senhores, dizei-me, pergunto-vos, estou errado? Lamentais realmente que eu tenha dito, o que é verdade, que os criminosos só são um punhado? Não é uma felicidade, no meio das nossas desgraças, que os homens capazes de derramar o sangue de Clément Thomas e do general Lecomte só sejam raras exceções?

A França, contudo, fez ouvidos moucos àquilo de que Thiers gabava a si próprio que era um canto de sereia parlamentar. Dos 700 mil conselheiros municipais eleitos pelas 35 mil comunas ainda deixadas à França, os legitimistas, orleanistas e bonapartistas unidos não alcançaram 8 mil. As eleições suplementares que se seguiram foram ainda mais decididamente hostis. Assim, em vez de conseguir das províncias a força física tão necessária, a Assembleia Nacional perdeu até mesmo a sua última pretensão, a força moral: a de ser a expressão do sufrágio universal do país. Para completar a derrota, os conselhos municipais recém-eleitos de todas as cidades da França ameaçaram abertamente a Assembleia de Versalhes usurpadora com uma contra-Assembleia em Bordeaux.

Chegou então, finalmente, para Bismarck, o momento de ação decisiva há muito aguardado. Intimou peremptoriamente Thiers a enviar a Frankfurt plenipotenciários para o acordo de paz definitivo. Em humilde obediência ao chamamento do seu senhor, Thiers apressou-se a despachar o seu fiel Jules Favre, secundado por Pouyer-Quertier. Homem "eminente" da fiação de algodão em Rouen, partidário fervoroso e mesmo servil do segundo Império, Pouyer-Quertier nunca encontrara qualquer defeito neste, salvo o seu tratado comercial com a Inglaterra,[71] prejudicial aos interesses da sua loja. Acabado de instalar em Bordeaux como ministro das Finanças de Thiers, denunciou esse tratado "ímpio", sugeriu a sua revogação próxima e teve mesmo o descaramento de tentar, se bem que em vão (sem ter contado com Bismarck), o cumprimento imediato dos velhos direitos protecionistas contra a Alsácia, onde, dizia ele, nenhum tratado internacional prévio se atravessava no caminho. Este homem, que considerava a contrarrevolução como um meio para fazer baixar salários em Rouen e a entrega de províncias francesas como um meio para elevar o preço das suas mercadorias na França, não era ele o único predestinado a ser escolhido por Thiers como companheiro de Jules Favre na sua última e culminante traição?

À chegada a Frankfurt deste requintado par de plenipotenciários, o insolente Bismarck recebeu-os imediatamente com a alternativa: ou a restauração do império ou a aceitação incondicional dos meus próprios termos de paz! Estes termos incluíam um encurtamento dos prazos em que havia de ser paga a indenização de guerra e a ocupação continuada dos fortes de Paris pelas tropas prussianas, até que Bismarck se sentisse satisfeito com o estado de coisas na França – sendo assim reconhecida a Prússia como o árbitro supremo na política interna francesa! Em retribuição por isto, ele oferecia soltar, para exterminar Paris, o exército bonapartista cativo, e prestar-lhe a assistência direta das tropas

---

[71] Trata-se do tratado de comércio entre a Inglaterra e a França, assinado em 23 de janeiro de 1860. Neste tratado a França renunciava à política alfandegária proibitiva e substituía-a pela introdução de taxas aduaneiras. Em resultado da conclusão deste tratado agudizou-se extraordinariamente a concorrência no mercado francês devido ao afluxo de mercadorias inglesas, o que provocou o descontentamento dos industriais franceses.

A guerra civil na França

do imperador Guilherme. Ele afiançava a sua boa-fé tornando o pagamento da primeira prestação da indenização dependente da "pacificação" de Paris. Tal isca foi, obviamente, engolida com avidez por Thiers e seus plenipotenciários. Assinaram o tratado de paz em 10 de maio e fizeram-no aprovar pela Assembleia de Versalhes em 18.

No intervalo entre a conclusão da paz e a chegada dos prisioneiros bonapartistas, Thiers sentiu-se tanto mais obrigado a retomar a sua comédia de conciliação quanto os seus testas de ferro republicanos estavam em dolorosa necessidade de um pretexto para fecharem os olhos aos preparativos da carnificina de Paris. Em 8 de maio, ainda, replicava a uma delegação de conciliadores da classe média:

> Quando os insurgentes tiverem se decidido a capitular, as portas de Paris ficarão abertas a todos durante uma semana, salvo aos assassinos dos generais Clément Thomas e Lecomte.

Poucos dias mais tarde, quando violentamente interpelado pelos rurais sobre estas promessas, recusou-se a entrar em quaisquer explicações; não, contudo, sem lhes deixar esta alusão significativa:

> Digo que há impacientes, homens demasiado apressados, entre vós. Têm de esperar ainda oito dias; ao fim destes oito dias já não haverá perigo e então a tarefa estará à altura da sua coragem e da sua capacidade.

Logo que Mac-Mahon pôde assegurar-lhe que em breve poderia entrar em Paris, Thiers declarou à Assembleia que

> entraria em Paris com a lei na mão e exigiria uma completa expiação dos celerados que tivessem sacrificado a vida dos nossos soldados e destruído os nossos monumentos públicos.

Como se aproximava o momento da decisão, disse à Assembleia: "Serei impiedoso!"; a Paris, que estava condenada; e aos seus *banditti* bonapartistas que tinham licença oficial para tirar vingança de Paris até fartar. Por último, quando, em 21 de maio, a traição abriu as portas de Paris ao general Douay, Thiers revelou aos rurais, em 22, a "finalidade" da sua comédia de conciliação, que eles tão obstinadamente tinham persistido em não compreender.

Disse-vos há alguns dias que nos aproximávamos da nossa finalidade; hoje vim dizer-vos: "atingimos a finalidade. A ordem, a justiça, a civilização alcançaram finalmente a vitória!"

Assim era. A civilização e a justiça da ordem burguesa aparecem à sua luz sinistra sempre que os escravos e trabalhadores forçados desta ordem se levantam contra os seus senhores. Então esta civilização e justiça ficam à vista como selvageria indisfarçada e desforra sem lei. Cada nova crise na luta de classe entre o apropriador e o produtor patenteia este fato mais notoriamente. Mesmo as atrocidades dos burgueses em junho de 1848 se dissipam perante a infâmia indizível de 1871. O autossacrifício heroico com o qual a população de Paris – homens, mulheres e crianças – combateu durante oito dias depois da entrada dos versalheses, reflete tanto a grandeza da sua causa quanto os feitos infernais da soldadesca reflete o espírito inato desta civilização, de que é a defensora mercenária. Gloriosa civilização, na verdade, cujo grande problema é agora o de como livrar-se dos montões de cadáveres que fez depois de terminada a batalha!

Para encontrar um paralelo da conduta de Thiers e dos seus cães de caça temos de voltar aos tempos de Sila e dos dois triunviratos[72] de Roma. O mesmo morticínio em massa, a sangue-frio; o mesmo desprezo, no massacre, pela ida-

---

[72] Trata-se do ambiente de terror e de repressão sangrenta na Roma Antiga, nas diferentes faces da crise da República Romana escravista no séc. I a.C. Ditadura de Sila (82-79 a.C.). Primeiro e segundo triunviratos de Roma (60-53 e 43-36 a.C.): ditaduras de chefes militares romanos, a primeira de Pompeu, Cézar e Crasso, a segunda de Otávio, Antônio e Lépido.

de e sexo; o mesmo sistema de torturar prisioneiros; as mesmas proscrições, mas desta vez de toda uma classe; a mesma caça selvagem a dirigentes escondidos, para que nenhum possa escapar; as mesmas denúncias de inimigos políticos e privados; a mesma indiferença pela chacina de gente inteiramente estranha à contenda. Só com esta diferença, que os romanos não tinham *mitrailleuses* [metralhadoras] para despachar os proscritos em massa e não tinham "a lei na mão" nem nos lábios o grito de "civilização". E depois destes horrores olhe-se para a outra face, ainda mais hedionda, dessa civilização burguesa, tal como é descrita pela sua própria imprensa!

> Com tiros perdidos – escreve o correspondente em Paris de um jornal *tory* de Londres – a soar ainda à distância e desgraçados a morrerem, feridos e sem socorros, entre as pedras tumulares do Père-Lachaise com 6 mil insurgentes assaltados de terror, vagueando numa agonia de desespero no labirinto das catacumbas e desgraçados empurrados pelas ruas para serem abatidos, aos 20, pela *mitrailleuse* –, é revoltante ver os cafés cheios de devotos do absinto, do bilhar e do dominó; mulheres de depravação deambulando pelos *boulevards*, e o barulho da orgia perturbando a noite a partir dos *cabinets particuliers* [gabinetes particulares] de restaurantes elegantes.

O sr. Edouard Hervé escreve no *Journal de Paris*,[73] um jornal versalhês suprimido pela Comuna:

> A maneira pela qual a população de Paris (!) manifestou ontem a sua satisfação era mais do que frívola e receamos que isso se torne pior com o tempo. Paris tem agora um ar de festa que é completamente deslocado, e se não queremos que nos chamem os parisienses da decadência é preciso pôr termo a esta ordem de coisas.

E cita então a passagem de Tácito:

---

[73] *Journal de Paris* (*Jornal de Paris*): semanário publicado em Paris a partir de 1867, de orientação monárquica orleanista.

Contudo, no dia seguinte ao dessa horrível luta, antes mesmo que estivesse completamente terminada, Roma, envilecida e corrompida, recomeçou a rebolar-se no lamaçal onde tinha destruído o seu corpo e manchado a sua alma: *alibi proelia et vulnera, alibi balneae popinaeque* (aqui combates e feridas, além banhos e tabernas).

M. Hervé só se esquece de dizer que a "população de Paris" de que fala não é senão a população da Paris do sr. Thiers – *os franc-fileurs* regressando em tropel de Versalhes, Saint-Denis, Rueil e Saint-Germain – a Paris do "declínio".

Em todos os seus triunfos sangrentos sobre os autossacrificados campeões de uma sociedade nova e melhor, esta nefanda civilização, baseada na escravização do trabalho, abafa os gemidos das suas vítimas num "ó da guarda" calunioso [*hue-and-cry of calumny*], reverberado por um eco mundial. A serena Paris operária da Comuna é bruscamente mudada num pandemônio pelos cães de caça da "ordem". E que é que prova esta tremenda mudança, para o espírito burguês de todos os países? Que a Comuna conspirou contra a civilização! O povo de Paris morre entusiasticamente pela Comuna em números não igualados em qualquer batalha conhecida da história. Que é que isso prova? Que a Comuna não era o governo do próprio povo mas a usurpação de um punhado de criminosos! As mulheres de Paris dão jubilosamente as suas vidas nas barricadas e nos lugares de execução. Que é que isso prova? Que o demônio da Comuna as mudou em Megeras e Hécates! A moderação da Comuna durante dois meses de indiscutível preponderância só é igualada pelo heroísmo da sua defesa. Que é que isso prova? Que a Comuna escondeu cuidadosamente durante meses, sob uma máscara de moderação e humanidade, a sede de sangue dos seus instintos satânicos, para soltá-la na hora da sua agonia!

A Paris operária, no ato do seu auto-holocausto heroico, envolveu nas suas chamas edifícios e monumentos. Ao despedaçarem o corpo vivo do proletariado, os seus dominadores já não devem esperar regressar triunfantemente à arquitetura intacta das suas residências. O governo de Versalhes grita: "Incendiarismo!" e sussurra a deixa a todos os seus agentes até o mais remoto povoado: dar caça por toda a parte aos seus inimigos como suspeitos de profissionais do incendiarismo. A burguesia do mundo inteiro, que olha complacentemente o massacre em grande escala depois da batalha, fica convulsiva de horror à profanação do tijolo e da argamassa!

Quando governos dão licenças oficiais às suas marinhas para "matar, queimar e destruir", é isso uma licença para incendiarismo? Quando as tropas britânicas puseram fogo por divertimento ao Capitólio, em Washington, e ao palácio de verão do imperador chinês,[74] era isso incendiarismo? Quando os prussianos, não por razões militares mas por mero rancor de desforra, queimaram com a ajuda de petróleo cidades como Châteaudun e inúmeras aldeias, era isso incendiarismo? Quando Thiers, durante seis semanas, bombardeou Paris a pretexto de que queria pôr fogo apenas às casas em que havia gente, era isso incendiarismo? Na guerra, o fogo é uma arma tão legítima como qualquer outra. Edifícios ocupados pelo inimigo são bombardeados para se lhes pôr fogo. Se os seus defensores têm de se retirar, eles mesmos ateiam as chamas para impedir que o ataque faça uso dos edifícios. Serem queimados tem

---

[74] Em agosto de 1814, durante a guerra entre a Inglaterra e os EUA, as tropas inglesas, depois de terem tomado Washington, incendiaram o Capitólio (edifício do Congresso), a Casa Branca e outros edifícios públicos da capital. Em outubro de 1860, durante a guerra da Inglaterra e da França contra a China, as tropas anglo-francesas saquearam e depois incendiaram o Palácio de Verão, próximo de Pequim, riquíssimo conjunto de monumentos da arquitetura e da arte chinesas.

sido sempre a sorte inevitável de todos os edifícios situados na frente de batalha de todos os exércitos regulares do mundo. Mas na guerra dos escravizados contra os seus escravizadores, a única guerra justificável na história, isso de modo algum seria válido! A Comuna usou o fogo estritamente como um meio de defesa. Usou-o para barrar às tropas de Versalhes essas longas e retas avenidas que Haussmann expressamente abrira para o fogo de artilharia; usou-o para cobrir a sua retirada, da mesma maneira que os versalheses, no seu avanço, usaram as suas bombas, que destruíram pelo menos tantos edifícios quanto o fogo da Comuna. É matéria de discussão, mesmo hoje, a que edifícios foi posto fogo pela defesa e pelo ataque. E a defesa só recorreu ao fogo quando as tropas versalhesas já tinham começado o assassínio de prisioneiros em grande escala. Além disso, a Comuna tinha dado muito antes pleno conhecimento público de que, se conduzida a extremos, ela enterraria a si mesma sob as ruínas de Paris e faria de Paris uma segunda Moscou, como o governo da defesa prometera fazer, mas apenas como um disfarce para a sua traição. Trochu tinha lhe arranjado o petróleo para este propósito. A Comuna sabia que os seus adversários em nada se preocupavam com as vidas do povo de Paris, mas muito com os seus próprios edifícios em Paris. E Thiers, por outro lado, tinha lhe dado conhecimento de que seria implacável na sua vingança. Assim que teve o exército pronto, de um lado, e que os prussianos fecharam a armadilha, do outro, proclamou: "Serei impiedoso! A expiação será completa e a justiça inflexível!" Se os atos dos operários de Paris eram vandalismo, era o vandalismo de defesa em desespero, não o vandalismo de triunfo como o que os cristãos perpetraram contra os tesouros de arte realmente inestimáveis da Antiguidade pagã; e mesmo esse vandalismo foi justificado pelo historiador como um concomitante inevitável e comparativamente insignificante face à luta titânica entre uma sociedade nova que surge e uma antiga que sucumbe. Menos ainda era o vandalismo de Haussmann, arrasando a Paris histórica para dar lugar à Paris do visitante [*sightseer*]!

Mas a execução pela Comuna dos 64 reféns, com o arcebispo de Paris à frente! A burguesia e o seu exército restabeleceram, em junho de 1848, um costume que há muito tinha desaparecido da prática de guerra – a execução dos seus prisioneiros indefesos. Este costume brutal tinha tido desde então a adesão mais ou menos estrita dos supressores de todas as agitações populares na Europa e na Índia, provando-se assim que ele constitui um real "progresso de civilização"! Por outro lado, os prussianos na França tinham restabelecido a prática de fazer reféns – homens inocentes que haviam de responder perante eles, com as suas vidas, pelos atos de outros. Quando Thiers, como vimos, desde o começo do conflito, pôs em vigor a prática humana de executar prisioneiros da Comuna, esta foi obrigada, para proteger as suas vidas, a recorrer à prática prussiana de manter reféns. As vidas dos reféns haviam sido condenadas repetidas vezes pela execução continuada de prisioneiros por parte dos versalheses. Como poderiam eles ser poupados por mais tempo depois da carnificina com a qual os pretorianos[75] de Mac-Mahon celebraram a sua entrada em Paris? Havia de tornar-se uma farsa a última medida – a tomada de reféns – com a qual se aspirava conter a ferocidade sem escrúpulos dos governos burgueses? O assassino real do arcebispo Darboy é Thiers. Repetidas vezes a Comuna tinha

---

[75] Na Roma Antiga, os *pretorianos* eram uma guarda pessoal privilegiada do chefe militar ou do imperador; os pretorianos participavam constantemente em rebeliões e frequentemente elevavam ao trono os seus protegidos. Mais tarde a palavra "pretoriano" passou a designar o mercenarismo, os desmandos e o arbítrio da camarilha militar.

oferecido trocar o arcebispo, e ainda uma quantidade de padres, só por Blanqui, então nas mãos de Thiers. Thiers recusou obstinadamente. Ele sabia que entregando Blanqui, daria uma cabeça à Comuna, enquanto o arcebispo serviria melhor o seu propósito sob a forma de cadáver. Thiers agia segundo o precedente de Cavaignac. Como não haviam Cavaignac e os seus homens de ordem, em junho de 1848, de dar brados de honra, estigmatizando os insurgentes como assassinos do arcebispo Affre! Eles sabiam perfeitamente bem que o arcebispo fora executado pelos soldados da ordem. Sr. Jacquemet, o vigário-geral do arcebispo, presente no local, imediatamente depois tinha lhes entregue o seu testemunho para esse efeito.

Todo este coro de calúnias que o partido da ordem nunca deixa, nas suas orgias de sangue, de erguer contra as suas vítimas, só prova que o burguês dos nossos dias se considera o sucessor legítimo do barão de outrora, que julgava honesta na sua própria mão toda a arma contra o plebeu, enquanto nas mãos do plebeu uma arma de qualquer espécie constituía em si um crime.

A conspiração da classe dominante para derrubar a revolução por uma guerra civil prosseguida sob o patrocínio do invasor estrangeiro – uma conspiração que traçamos desde o próprio 4 de setembro até a entrada dos pretorianos de Mac-Mahon pela porta de Saint-Cloud – culminou na carnificina de Paris. Bismarck regozija-se ante as ruínas de Paris, nas quais viu, talvez, a primeira prestação dessa destruição geral de grandes cidades, que preconizava quando ainda um simples rural na *Chambre introuvable* prussiana de 1849.[76] Regozija-se ante os cadáveres do pro-

---

[76] Marx designa a Câmara dos deputados prussiana de *"chambre introuvable"* (Câmara impossível de encontrar), por analogia com a francesa. A Assembleia eleita em janeiro-fevereiro de 1849 era composta por uma "Câmara dos senhores" da aristocracia privilegiada, e por uma segunda Câmara, que resultava de um processo eleitoral em

letariado de Paris. Para ele, isso não é só o extermínio da revolução, mas a extinção da França, agora decapitada na realidade, e pelo próprio governo francês. Com a leviandade característica de todos os homens de Estado bem-sucedidos, ele só vê a superfície desse tremendo evento histórico. Quando é que, antes, exibiu a história o espetáculo de um vencedor que coroa a sua vitória fazendo-se não só o gendarme, mas o assassino a soldo do governo vencido? Não havia guerra entre a Prússia e a Comuna de Paris. Ao contrário, a Comuna tinha aceito os preliminares de paz, e a Prússia anunciado a sua neutralidade. A Prússia não era, pois, beligerante. Ela desempenhou o papel de um assassino, de um assassino covarde porque não corre perigo; de um assassino a soldo porque estipula antecipadamente o pagamento da recompensa do seu crime, 500 milhões por ocasião da queda de Paris. E assim, por último, revelou-se o verdadeiro caráter da guerra ordenada pela Providência como um castigo da França, ímpia e debochada, pela pia e moral Alemanha! E esta violação sem paralelo da lei das nações – mesmo tal como era entendida pelos advogados do velho mundo – em vez de levar os governos "civilizados" da Europa a declarar delituoso o governo prussiano, mero instrumento do gabinete de São Petersburgo, como fora da lei entre as nações, apenas os incita a considerar se as poucas vítimas que escaparam ao duplo cordão à volta de Paris não deverão ser entregues ao carrasco em Versalhes!

Que depois da guerra mais tremenda dos tempos modernos, as hostes vencedoras e vencidas tivessem de se irmanar para o massacre comum do proletariado – este evento sem paralelo indica, de fato, não, como pensa Bismarck, a re-

---

duas fases no qual só podiam participar os chamados "prussianos independentes". Bismarck, eleito para a segunda Câmara, era nela um dos chefes do grupo *Junker* da extrema-direita.

pressão final de uma sociedade nova que se subleva, mas o desfazer-se em pó da sociedade burguesa. O esforço heroico mais elevado de que a velha sociedade ainda é capaz é a guerra nacional; e agora provou-se que isso é um mero embuste governamental destinado a diferir a luta de classes e a ser posto de lado logo que essa luta de classes rebenta em guerra civil. A dominação de classe já não é capaz de se disfarçar sob um uniforme nacional; os governos nacionais, contra o proletariado, formam um!

Após o domingo de Pentecostes de 1871[77] não pode haver paz nem tréguas entre os operários da França e os apropriadores do seu produto. A mão de feno de uma soldadesca de mercenários pode manter por algum tempo ambas as classes amarradas a uma opressão comum. Mas a batalha tem de irromper repetidamente em proporções crescentes e não pode haver dúvida acerca de quem, no fim, será o vencedor – os poucos que se apropriam ou a imensa maioria que trabalha. E a classe operária francesa é apenas a guarda avançada do proletariado moderno.

Enquanto os governos europeus testemunham assim, diante de Paris, do caráter internacional da dominação de classe, difamam a Associação Internacional dos Trabalhadores – a contraorganização internacional do trabalho contra a conspiração cosmopolita do capital – como a fonte principal de todos estes desastres. Thiers denunciou-a como o déspota do trabalho que pretende ser o seu libertador. Picard ordenou que todas as comunicações entre os membros franceses da Internacional – os que estavam na França e os no estrangeiro – fossem cortadas; o conde Jaubert, cúmplice mumificado de Thiers em 1835, declara que ela é o grande problema a ser extinto por todos os governos civilizados.

---

[77] O domingo de Pentecostes de 1871 calhou no dia 28 de maio.

A guerra civil na França

Os rurais grunhem contra ela e toda a imprensa europeia se junta ao coro. Um honrado escritor francês,[78] completamente estranho à nossa Associação, diz o seguinte:

> Os membros do Comitê Central da Guarda Nacional, bem como a maior parte dos membros da Comuna, são os espíritos mais ativos, mais inteligentes e mais enérgicos da Associação Internacional dos Trabalhadores; [...] homens que são profundamente honestos, sinceros, inteligentes, devotados, puros e fanáticos no bom sentido do termo.

A mente burguesa tingida de polícia imagina naturalmente, para si mesma, a Associação Internacional dos Trabalhadores agindo à maneira de uma conspiração secreta, com o seu corpo central ordenando, de tempos em tempos, explosões em diferentes países. A nossa Associação não é, de fato, senão o elo internacional entre os operários mais avançados nos vários países do mundo civilizado. Onde quer que seja, sob que forma e sob que condições for que a luta de classe ganhe qualquer consistência, só é natural que membros da nossa Associação estejam na primeira linha. O solo a partir do qual ela cresce é a própria sociedade moderna. Ela não pode ser esmagada pela maior das carnificinas. Para a esmagarem, os governos teriam de esmagar o despotismo do capital sobre o trabalho – a condição da própria existência parasitária que é a deles.

A Paris operária com a sua Comuna será sempre celebrada como o arauto glorioso de uma nova sociedade. Os seus mártires estão guardados como relíquia no grande coração da classe operária. E aos seus exterminadores, já a história os amarrou àquele pelourinho eterno de onde todas as orações dos seus padres os não conseguirão redimir.

56, High Holborn, London,
Western Central, 30 de maio de 1871.

---

[78] Provavelmente Robinet.

NOTAS

I

A coluna dos prisioneiros parou na Avenue Uhrich e foi formada em quatro ou cinco filas, no passeio em frente à estrada. O general marquês de Galliffet e o seu Estado-Maior apearam-se e começaram uma inspeção a partir da esquerda do alinhamento. Descendo lentamente e fitando as fileiras, o general parava aqui e ali, atendo no ombro de um homem ou acenando-lhe para sair pela retaguarda da fileira. Na maioria dos casos, sem mais palavras, o indivíduo assim escolhido era levado para o meio da estrada, onde uma pequena coluna suplementar era, desse modo rapidamente formada [...]. Era evidente que havia considerável lugar para erro. Um oficial montado apontou ao general Galliffet um homem e uma mulher por qualquer ofensa particular. A mulher, precipitando-se para fora das fileiras, lançou-se de joelhos ao chão e, de braços estendidos, protestou a sua inocência em termos apaixonados. O general esperou por uma pausa e disse, então, com o rosto mais impassível e o porte imóvel: "Madame, visitei todos os teatros de Paris, o seu jogo não terá qualquer efeito em mim"("*ce n'est pas la peine de jouer la comédie*") [não vale a pena fazer comédia]. Não era uma boa coisa, nesse dia, ser notavelmente mais alto, estar mais sujo, mais limpo, ser mais velho ou mais feio do que um dos vizinhos. Um indivíduo impressionou-me em particular porque ficou, provavelmente, a dever o seu rápido alívio dos males deste mundo ao fato de ter o nariz partido [...]. Assim escolhidos mais de uma centena, destacou-se um pelotão de execução e a coluna retomou a sua marcha deixando aqueles atrás. Poucos minutos depois começava um fogo intermitente na nossa retaguarda e continuado por mais de um quarto de hora. Era a execução desses infelizes, sumariamente condenados. (Correspondente do *Daily News*[79] em Paris, 8 de junho)

Este Galliffet, "o chulo da própria mulher, tão famosa pelas suas exibições sem-vergonha nas orgias do segundo

---

[79] *The Daily News* (*Notícias Diárias*): jornal liberal inglês, órgão da burguesia industrial; publicou-se com este título em Londres entre 1846 e 1930.

A guerra civil na França

Império", era conhecido, durante a guerra, pelo nome de Alferes Pistola [*Ensign Pistol*].

> O *Temps*,[80] que é um jornal cuidadoso e não dado à sensação, relata uma história horrenda de pessoas mal fuziladas e enterradas ainda com vida. Um grande número foi enterrado na praça junto a Saint-Jacques-la-Boucherie, algumas delas muito superficialmente. Durante o dia, o ruído das ruas movimentadas impediu que se notasse alguma coisa; mas na tranquilidade da noite os moradores das casas da vizinhança foram acordados por gemidos distantes, e de manhã foi vista uma mão crispada saindo do solo. Em consequência disto foram ordenadas exumações [...]. Que muitos feridos tenham sido enterrados vivos, não tenho a menor dúvida. De um caso posso eu testemunhar. Quando Brunel foi executado com a sua amante, em 24 último, no pátio de uma casa da Place Vendôme, os corpos ficaram ali até à tarde do dia 27. Quando vieram os coveiros para remover os cadáveres, encontraram a mulher ainda com vida e levaram-na a uma ambulância. Apesar de ter recebido quatro balas, está agora fora de perigo. (Correspondente do *Evening Standard*[81] em Paris, 8 de junho)

II

A seguinte carta[82] foi publicada no *Times* [de Londres] de 13 de junho:

> Ao Diretor do *Times:*
>
> Exmo Senhor – Em 6 de junho de 1871, sr. Jules Favre enviou uma circular a todas as potências europeias, chamando-as a dar caça por toda a parte à Associação Internacional dos Trabalhadores. Poucas observações serão suficientes para caracterizar esse documento.

---

[80]   *Le Temps* (*O Tempo*): jornal francês de orientação conservadora, órgão da grande burguesia; publicou-se em Paris entre 1861 e 1943.

[81]   *The Evening Standard* (*O Estandarte da Tarde*): edição vespertina do jornal conservador inglês *Standard* (*Estandarte*), fundado em 1827; publicou-se em Londres entre 1857 e 1905; mais tarde começou a ser publicado em separado.

[82]   A carta foi escrita por K. Marx e F. Engels.

No próprio preâmbulo dos nossos estatutos está indicado que a Internacional foi fundada 'em 28 de setembro de 1864, numa reunião pública realizada em St. Martin's Hall, Long Acre, Londres'. Para fins que lhe são próprios, Jules Favre faz recuar a data da sua origem para antes de 1862.

Com vista a explicar os nossos princípios, ele declara citar 'a sua (da Internacional) folha de 25 de março de 1869'. E que cita ele, então? A folha de uma sociedade que não é a Internacional. A esta espécie de manobra ele já recorreu, quando, ainda relativamente jovem advogado, teve de defender o jornal *National*, processado por Cabet por motivo de difamação. Fingia então ler extratos de panfletos de Cabet, quando lia interpolações da sua própria lavra – uma trapaça apresentada durante uma audiência do tribunal, o que, não fora a indulgência de Cabet, teria sido punido com a expulsão de Jules Favre do foro de Paris. De todos os documentos citados por ele como documentos da Internacional, nem apenas um pertence à Internacional. Diz ele, por exemplo: 'A Aliança declara-se ateia, diz o Conselho Geral, constituído em Londres, julho de 1869'.

O Conselho Geral nunca publicou tal documento. Ao contrário, publicou um documento[83] que anula os estatutos originais da Aliança – *L'Alliance de la Démocratie Socialist* [A aliança da democracia socialista], de Genebra, citada por Jules Favre.

Por toda a sua circular, que finge também ser dirigida em parte contra o Império, Jules Favre repete contra a Internacional só invenções policiais dos procuradores públicos do Império, as quais se desmoronaram miseravelmente, mesmo perante os tribunais desse Império.

É sabido que nas suas duas mensagens (de julho e setembro últimos) sobre a guerra recente, o Conselho Geral da Internacional denunciou os planos prussianos de conquista contra a França. Mais recentemente o sr. Reitlinger, secretário particular de Jules Favre, pediu a alguns membros do Conselho Geral – em vão, obviamente – que fosse organizada pelo Conselho Geral uma manifestação contra Bismarck, a favor do governo de Defesa Nacional; foi-lhes particularmente solicitado que não

---

[83] Ver K. Marx, A Associação Internacional dos Trabalhadores e a Aliança da Democracia Socialista.

mencionassem a república. Foram feitos preparativos – certamente com a melhor das intenções – para uma manifestação respeitante à chegada prevista de Jules Favre a Londres apesar de o Conselho Geral, que, no seu manifesto de 9 de setembro, ter claramente prevenido os operários de Paris contra Jules Favre e os seus colegas.

Que diria Jules Favre se a Internacional, por sua vez, enviasse uma circular sobre Jules Favre a todos os gabinetes da Europa, chamando a sua particular atenção para os documentos publicados em Paris pelo falecido sr. Millière?

'Seu servidor obediente,

John Hales, "Secretário do Conselho Geral da Associação Internacional dos Trabalhadores.'

256, High Holborn, London, Western Central, 12 de junho.

Num artigo sobre "A Associação Internacional e os seus intentos", esse pio informador, o *Spectator*,[84] de Londres (24 de junho), cita entre outras trapaças similares, mais completamente mesmo do que Jules Favre, o documento atrás referido da "Aliança" como obra da Internacional – e isso 11 dias depois da refutação que tinha sido publicada no *Times*. Não nos admiramos disso. Frederico, o Grande, costumava dizer que de todos os jesuítas os piores são os jesuítas protestantes.

---

[84] *The Spectator* (*O Espectador*): semanário inglês de tendência liberal, publicado em Londres desde 1828.

O Estado e a revolução: a experiência da Comuna de Paris (1871) – análise de Marx[1]

V. I. Lenin

1. Onde reside o heroísmo da tentativa dos comunardos

Como se sabe, alguns meses antes da Comuna, no outono de 1870, Marx, pondo de sobreaviso os operários parisienses contra o perigo, demonstrava-lhes que qualquer tentativa para derrubar o governo era uma tolice ditada pelo desespero. Mas quando, em março de 1871, a batalha decisiva foi imposta aos operários e estes a aceitaram, quando a insurreição se tornou um fato consumado, Marx saudou com entusiasmo a revolução proletária. Apesar dos seus sinistros prognósticos, Marx não condenou de forma pedante um movimento "prematuro", como o fez o renegado russo do marxismo Plekhanov, de triste memória, cujos escritos instigadores encorajavam à luta os operários e camponeses em novembro de 1905, e que, depois de dezembro de 1905,

---

[1] Texto extraído de Lenin, V. I. *O estado e a revolução*. São Paulo: Expressão Popular, 2010, p. 57-76.

gritava como um verdadeiro liberal: "Não deviam pegar em armas!"

Marx não se contentou em entusiasmar-se com o heroísmo dos comunardos, "tomando o céu de assalto" segundo a sua expressão. Muito embora o movimento revolucionário das massas falhasse ao seu objetivo, Marx viu nele uma experiência histórica de enorme importância, um passo para a frente na revolução proletária universal, uma tentativa prática mais importante do que centenas de programas e argumentos. Analisar essa experiência, colher nela lições de tática e submeter à prova a sua teoria, eis a tarefa que Marx se impôs.

A única "correção" que Marx julgou necessário introduzir no *Manifesto do Partido Comunista*, ele a fez, segundo a experiência revolucionária dos comunardos de Paris. O último prefácio à nova edição alemã do *Manifesto do Partido Comunista*, assinado conjuntamente pelos dois autores, é datado de 24 de junho de 1872. Karl Marx e Friedrich Engels dizem ali que o programa do *Manifesto* "está hoje envelhecido em alguns pontos".

> A Comuna, especialmente, demonstrou que 'não basta a classe operária se apoderar da máquina do Estado para adaptá-la aos seus próprios fins'.

As últimas palavras entre aspas dessa citação foram tiradas da obra de Marx: *A guerra civil na França*. Assim, Marx e Engels atribuíam tão grande importância a uma das lições fundamentais da Comuna, que a introduziram, como modificação essencial, no *Manifesto do Partido Comunista*.

É bastante característico que seja justamente essa modificação essencial o que os oportunistas deturpam, a tal ponto que sem dúvida os nove décimos, se não os noventa e nove centésimos dos leitores do *Manifesto*, não perceberam seu

O estado e a revolução

alcance. Dessa deformação falaremos num dos capítulos seguintes, consagrado especialmente às deformações. Aqui, bastará salientar a "interpretação" corrente, vulgar, da famosa fórmula de Marx por nós citada, segundo a qual a ideia acentuada por Marx seria a do desenvolvimento lento em oposição à conquista do poder etc.

Na realidade, é justamente o contrário. A ideia de Marx é que a classe operária deve quebrar, destruir a "máquina do Estado", não se limitando apenas a se assenhorear dela.

Em 12 de abril de 1871, isto é, precisamente durante a Comuna, Marx escrevia a Kugelmann:

> Releia o último capítulo do meu *O 18 brumário*. Afirmo que a revolução na França deve tentar, antes de tudo, não passar para outras mãos a máquina burocrática e militar – como se tem feito até aqui – mas *destruí-la* (*zerbrechen:* a palavra é grifada por Marx no original). Eis a condição preliminar para qualquer revolução popular do continente. Eis também o que tentaram os nossos heroicos camaradas de Paris (*Neue Zeit*, XX, 1, 1901-1902, p. 709).[2]

Essas palavras – "destruir a máquina burocrática e militar do Estado" – condensam a grande lição do marxismo a propósito do papel do proletariado revolucionário com relação ao Estado. E é precisamente esta lição que se esquece completamente e que a "interpretação" dominante do marxismo, obra de Kautsky, deturpa completamente!

Quanto a *O 18 brumário*, já anteriormente citamos por extenso a passagem a que se refere Marx.

Nessa passagem, há principalmente dois pontos que assinalar. Primeiro, ele torna extensiva a sua conclusão apenas ao continente. Isso se compreendia em 1871, quando a In-

---

[2] As cartas de Marx a Kugelmann foram publicadas em russo, em duas edições pelo menos, sendo uma revista e prefaciada por mim (N. A.). [Há edição brasileira: MARX, K. *O 18 brumário e cartas a Kugelmann*. Rio de Janeiro: Paz e Terra, 1997].

glaterra era ainda um modelo de país puramente capitalista, mas sem militarismo e, até certo ponto, sem burocracia. Eis por que Marx excluiu a Inglaterra, onde a revolução, e mesmo a revolução popular, parecia possível, e o era, sem a destruição prévia da "máquina do Estado".

Em 1917, na época da primeira guerra imperialista, essa restrição de Marx cai: a Inglaterra e os Estados Unidos, os maiores e últimos representantes no mundo da "liberdade" anglo-saxônica, sem militarismo e sem burocracia, se atolam completamente no pântano infecto e sangrento das instituições burocráticas e militares à europeia, onde tudo é oprimido, tudo é esmagado. Atualmente, tanto na Inglaterra quanto na América, "a condição prévia para uma revolução verdadeiramente popular" é igualmente a desmontagem, a destruição da "máquina do Estado" (levada, de 1914 a 1917, a uma perfeição europeia, imperialista).

Em segundo lugar, o que merece uma atenção especial é essa profunda observação de Marx de que a destruição da máquina burocrática e militar do Estado é a "condição prévia de qualquer revolução verdadeiramente popular". Essa expressão – "revolução popular" – parece surpreendente na boca de Marx, e os adeptos de Plekhanov na Rússia, assim como os mencheviques, esses discípulos de Struve, desejosos de passar por marxistas, poderiam tomá-la por um "engano". Reduziram o marxismo a uma doutrina tão mesquinhamente liberal que, afora a antítese – revolução burguesa e revolução proletária – nada existe para eles e, ainda assim, só concebem essa antítese como uma coisa já morta.

Se tomarmos para exemplo as revoluções do século XX, temos de reconhecer que as revoluções portuguesa e turca foram revoluções burguesas. Mas nem uma nem outra foram "populares". De fato, a massa do povo, a grande maioria,

O estado e a revolução

com as suas exigências econômicas e políticas próprias, não fez sentir a sua influência nem numa nem noutra. Em compensação, a revolução burguesa na Rússia em 1905-1907, sem ter tido os "brilhantes" resultados da portuguesa e da turca, foi, sem contestação, uma revolução "verdadeiramente popular"; aqui, a massa do povo, a sua maioria, as suas camadas sociais "inferiores", esmagadas sob o jugo da exploração, sublevaram-se espontaneamente e imprimiram a todo o curso da revolução o cunho das suas exigências, das suas tentativas para reconstruir à sua maneira uma nova sociedade no lugar da antiga em vias de destruição.

Em nenhum dos países da Europa continental de 1871 a maioria do povo era constituída pelo proletariado. A revolução capaz de arrastar a maioria do movimento só poderia ser "popular" com a condição de englobar o proletariado e os camponeses. Essas duas classes constituíam, então, "o povo". Essas duas classes são solidárias, visto que a "máquina burocrática e militar do Estado" as oprime, as esmaga e as explora. Quebrar essa máquina, demoli-la, tal é o objetivo prático do "povo", da sua maioria, dos operários e dos camponeses; tal é a "condição prévia" da aliança livre dos camponeses mais pobres e do proletariado. Sem essa aliança, não há democracia sólida nem transformação social possível.

Era para essa aliança, como se sabe, que tendia a Comuna de Paris, que falhou por uma série de razões de ordem interna e externa.

Ao falar de uma "revolução verdadeiramente popular", sem esquecer as particularidades da pequena burguesia, a que muitas vezes e largamente se referiu, Marx media rigorosamente as relações de forças sociais na maioria dos Estados continentais da Europa, em 1871. Por outro lado, constatava que os operários e camponeses são igualmente interessados em quebrar a máquina do Estado e em se coligarem para o objetivo comum de suprimir o "parasita" e de substituí-lo por alguma coisa de novo. E o que é isso?

2. Pelo que deve ser substituída a máquina do Estado, depois de destruída?

No *Manifesto do Partido Comunista*, em 1847, Marx ainda não dava a essa pergunta senão uma resposta completamente abstrata; ou melhor, limitava-se a enunciar o problema sem precisar os meios de resolvê-lo. Substituir a máquina do Estado pela "organização do proletariado como classe dominante", pela "conquista da democracia", tal era a resposta.

Para não cair na utopia, Marx esperava da experiência de um movimento de massas a resposta à questão de saber que formas concretas tomaria essa organização do proletariado em classe dominante e de que modo essa organização se conciliaria com uma inteira e metódica "conquista de democracia".

Na *Guerra civil na França*, Marx submete a uma análise das mais atentas a experiência da Comuna, malgrado a debilidade desta. Citaremos os pontos principais dessa obra:

No século XIX desenvolvia-se, transmitido pela Idade Média,

> O poder centralizado do Estado, com os seus órgãos onipresentes: exército permanente, polícia, burocracia, clero, magistratura.

Graças ao desenvolvimento do antagonismo de classes entre o capital e o trabalho,

> o poder do Estado assumiu cada vez mais o caráter de uma força pública organizada para a servidão social, de um instrumento de despotismo de uma classe. Toda revolução que marque uma etapa da luta de classes ressalta, com um relevo cada vez maior, o caráter repressivo do poder do Estado.

O estado e a revolução

Depois da revolução de 1848-1849, o poder do Estado torna-se "o grande instrumento nacional da guerra do capital contra o trabalho". O Segundo Império não fez senão consolidá-lo.

"A Comuna foi a antípoda do Império". Foi uma forma "positiva", uma "república que devia suprimir não só a forma monárquica da dominação de uma classe, mas também essa própria dominação".

Em que consistia essa forma "positiva" de república proletária socialista? Que espécie de Estado começou a Comuna a criar?

> O primeiro decreto da Comuna suprimiu, pois, o exército permanente e substituiu-o pelo povo armado.

Essa reivindicação encontra-se, hoje, no programa de todos os partidos que se dizem socialistas. Mas, vê-se o que valem os programas dos nossos mencheviques, que, após a revolução de março, se recusaram precisamente a satisfazer essa reivindicação.

> A Comuna foi constituída por conselheiros municipais eleitos por sufrágio universal nos diferentes bairros de Paris. Eram responsáveis e, a todo tempo, amovíveis. A maioria compunha-se, muito naturalmente, de operários ou de representantes reconhecidos da classe operária.

A polícia, até então agente do governo central, foi imediatamente despojada das suas atribuições políticas, tornando-se um agente responsável e sempre amovível da Comuna. O mesmo princípio foi aplicado a todos os funcionários da administração. A começar pelos membros da Comuna, até embaixo, a remuneração do serviço público não devia ser superior a um salário normal de operário. Os direitos adquiridos e os direitos de representação dos altos titulares do Estado desapareceram com esses mesmos títulos...

Suprimidos o exército permanente e a polícia, elementos da força material do antigo governo, a Comuna decidiu destruir a força espiritual de repressão, o poder dos padres...

> Os magistrados deviam perder a sua aparente independência [...] Como os demais servidores do povo, os magistrados e os juízes deviam ser eleitos, responsáveis e amovíveis.

Assim, a Comuna "contentava-se, por assim dizer, em substituir a máquina do Estado destruída por uma democracia mais completa: supressão do exército permanente, elegibilidade e amovibilidade de todos os funcionários. Na realidade, ela "contentava-se", assim, em substituir – obra gigantesca – certas instituições por outras instituições essencialmente diferentes. É esse, justamente, um caso de "transformação de quantidade em qualidade": a democracia, realizada tão plenamente e tão metodicamente quanto é possível sonhar-se, tornou-se proletária, de burguesa que era; o Estado (essa força destinada a oprimir uma classe) transformou-se numa coisa que já não é, propriamente falando, o Estado.

Derrotar a burguesia e quebrar a sua resistência não deixa de ser, por isso, uma necessidade. Para a Comuna, isso era particularmente necessário, e uma das causas da sua derrota foi não se ter lançado a fundo nessa tarefa. Mas, na Comuna, o órgão de repressão era a maioria da população e não mais a minoria, como fora sempre o caso ao tempo da escravidão, da servidão e do salariato. Ora, uma vez que é a própria maioria do povo que oprime os seus opressores, já não há necessidade de uma "força especial" de repressão! É nesse sentido que o Estado começa a definhar. Em lugar de instituições especiais de uma minoria privilegiada (funcionários civis, chefes do exército permanente), a própria maioria pode desempenhar diretamente as funções do poder político; e, quanto mais o próprio povo assumir essas funções, tanto menos se fará sentir a necessidade desse poder.

O estado e a revolução

A esse respeito, é particularmente notável uma das medidas tomadas pela Comuna e salientada por Marx: supressão de todas as despesas de representação, supressão dos privilégios pecuniários dos funcionários, redução de "todos" os ordenados administrativos ao nível do "salário operário". É nisso que mais se faz sentir a passagem brusca da democracia burguesa para a democracia proletária, a passagem da democracia dos opressores para a democracia dos oprimidos, a passagem da dominação de uma "força especial" destinada à opressão de determinada classe para o esmagamento dos opressores pelas forças combinadas da maioria do povo, dos operários e dos camponeses. E é precisamente nesse ponto, o mais importante, o mais indiscutível, talvez, da questão do Estado, que os ensinamentos de Marx foram mais esquecidos! Os inúmeros comentários dos vulgarizadores não tocam nele! É "costume" calarem-se sobre o assunto, como se fora uma "ingenuidade" antiquada, exatamente como os cristãos, uma vez o seu culto tornado religião de Estado, se "esqueceram" das "ingenuidades" do cristianismo primitivo e do seu espírito democrático revolucionário.

A redução geral dos vencimentos dos altos funcionários parece a "simples" exigência de um democratismo ingênuo e primitivo. Um dos fundadores do oportunismo moderno, o ex-social-democrata Eduard Bernstein, muitas vezes exercitou-se em repetir as medíocres zombarias burguesas contra o democratismo "primitivo". Como todos os oportunistas e como os kautskistas do nosso tempo, Bernstein absolutamente não compreendeu que a passagem do capitalismo ao socialismo é impossível sem um certo "regresso" ao democratismo "primitivo": como podem, de outro modo, ser desempenhadas as funções do Estado pela maioria da população e pela população toda? Em seguida, não viu ele que o "democratismo primitivo", na base do capitalismo e da civilização capitalista, difere do democratismo primitivo das épocas antigas ou pré-capitalistas. A civilização capitalista criou a grande produção, as fábricas, as estradas de ferro, o correio, o telefone etc.; ora, nessa base, a grande maioria das funções do velho "poder do Estado" tem-se por tal forma simplificado e pode ser reduzida a operações tão simples de registro, de inscrição, de fiscalização, que essas funções se tornarão inteiramente acessíveis a todos os cidadãos de instrução primária, mediante o "salário habitual", e podem e devem perder até o último vestígio de caráter privilegiado e "hierárquico".

Elegibilidade absoluta, amovibilidade, em qualquer tempo, de todos os empregos sem exceção, redução dos vencimentos ao nível do salário operário habitual – essas medidas democráticas, simples e evidentes por si mesmas, solidarizando os interesses dos operários e da maioria dos camponeses, servem, ao mesmo tempo, de ponte entre o capitalismo e o socialismo. Essas medidas reformistas são de ordem puramente governamental e política e, naturalmente, não atingem todo o seu significado e todo o seu alcance senão com a "expropriação dos expropriadores" preparada ou realizada, isto é, com a socialização da propriedade privada capitalista dos meios de produção.

> A Comuna – escrevia Marx – realizou o governo barato, essa esparrela em que caem todas as revoluções burguesas, suprimindo o exército permanente e os funcionários do Estado.

Entre os camponeses, como nas outras camadas da pequena burguesia, só uma ínfima minoria consegue "subir" e "vencer", no sentido burguês da palavra – isto é, só poucos indivíduos chegam a uma situação abastada, de burgueses ou funcionários garantidos e privilegiados. A imensa maioria dos camponeses, não importa em que país capitalista onde exista campesinato (e é o caso mais frequente), é oprimida pelo governo e aspira a derrubá-lo, para instalar, enfim, um

O estado e a revolução

governo "barato". É essa uma ação que só o proletariado pode realizar, dando assim um passo para a transformação socialista do Estado.

3. Supressão do parlamentarismo

A Comuna, disse Marx, devia ser, não uma corporação parlamentar, mas sim uma corporação de trabalho, ao mesmo tempo legislativa e executiva [...]

Em lugar de resolver, de três em três ou de seis em seis anos, qual o membro da classe dominante que deverá 'representar' o povo no Parlamento, o sufrágio universal devia servir ao povo constituído em comunas para recrutar, ao seu serviço, operários, contramestres, guarda-livros, da mesma forma que o sufrágio individual serve a qualquer industrial, na sua procura de operários ou contramestres.

Essa observação crítica ao parlamentarismo, feita em 1871, deve à hegemonia do social-chauvinismo e do oportunismo a sua inclusão entre as "páginas esquecidas" do marxismo. Ministros e parlamentares de profissão, renegados do proletariado e socialistas "de negócios" contemporâneos deixaram aos anarquistas o monopólio da crítica ao parlamentarismo e classificaram de "anarquista" toda crítica ao parlamentarismo! Não é, pois, de admirar que o proletariado dos países parlamentares "adiantados", enjoado dos socialistas de marca de Scheidemann, David, Legien, Sembat, Renaudel, Henderson, Vandervelde, Stauning, Branting, Bissolati e cia., tenha reservado cada vez mais as suas simpatias para o anarcossindicalismo, muito embora seja este irmão do oportunismo.

A dialética revolucionária nunca foi para Marx a fraseologia da moda, a frioleira que dela fizeram Plekhanov, Kautsky e outros. Marx soube romper impiedosamente com o anarquismo, pela impotência deste em utilizar-se até mesmo da "estrebaria" do parlamentarismo burguês, principalmente quando a situação não é, de forma alguma, revolucionária; mas, ao mesmo tempo, soube fazer uma crítica verdadeiramente revolucionária e proletária ao parlamentarismo.

Decidir periodicamente, para um certo número de anos, qual o membro da classe dominante que há de oprimir e esmagar o povo no Parlamento, eis a própria essência do parlamentarismo burguês, não somente nas monarquias parlamentares constitucionais, como também nas repúblicas mais democráticas.

Entretanto, se se põe a questão do Estado, se se encara o parlamentarismo como uma das instituições do Estado, como sair do parlamentarismo, do ponto de vista da ação do proletariado nesse domínio, e como dispensá-lo?

Devemos repeti-lo ainda uma vez: os ensinamentos de Marx baseados no estudo da Comuna acham-se tão bem esquecidos que o social-democrata contemporâneo (leia-se: o renegado contemporâneo do socialismo) é incapaz de conceber outra crítica do parlamentarismo que não seja a crítica anarquista ou reacionária.

O meio de sair do parlamentarismo não é, certamente, anular as instituições representativas e a elegibilidade, mas sim transformar esses moinhos de palavras que são as assembleias representativas em assembleias capazes de "trabalhar" verdadeiramente. A Comuna devia ser uma assembleia, "não parlamentar, mas trabalhadora", ao mesmo tempo legislativa e executiva.

Numa assembleia "não parlamentar, mas trabalhadora" – escutem bem, seus "totós" parlamentares da social-democracia moderna! Reparem em qualquer país de parlamentarismo, desde a América à Suíça, desde a França à

O estado e a revolução

Noruega etc. – a verdadeira tarefa "governamental" é feita por detrás dos bastidores e são os ministérios, as secretarias, os estados-maiores que a fazem. Nos Parlamentos, só se faz tagarelar, com o único intuito de enganar a "plebe". Tanto isso é verdade que, mesmo na república burguesa democrática, todos esses pecados do parlamentarismo já se fazem sentir, antes mesmo que a república tenha conseguido criar um verdadeiro Parlamento. Os heróis da pequena burguesia apodrecida, os Skobelev e os Tseretelli, os Tchernov e os Avksentiev, conseguiram gangrenar até os sovietes, à maneira do mais repugnante parlamentarismo burguês, fazendo deles moinhos de palavras. Nos sovietes, os srs. ministros "socialistas" enganam os mujiques de boa fé com a sua fraseologia e as suas resoluções. É uma quadrilha governamental permanente, para reunir, por um lado, em volta do "bolo" dos empregos lucrativos e honoríficos, o maior número possível de socialistas-revolucionários e de mencheviques, e, por outro lado, para "distrair" o povo. Enquanto isso, a tarefa "governamental" vai-se fazendo nas secretarias e nos estados-maiores.

O *Dielo Naroda*, órgão do partido socialista-revolucionário, num editorial recentemente publicado, confessa, com a incomparável franqueza da gente da "boa sociedade" caída na prostituição política, que, mesmo nos ministérios pertencentes aos "socialistas" (desculpem a expressão!), todo o aparelho administrativo funciona como antigamente, que nada ali mudou e que as reformas revolucionárias são sabotadas com plena "liberdade". Mas, mesmo sem essa confissão, acaso a história da participação dos socialistas-revolucionários e dos mencheviques no governo não é a melhor prova disso? E o que é característico é que, ocupando os ministérios ao lado dos kadetes, os srs. Tchernov, Russanov, Zenzinov e outros redatores do *Dielo Naroda* levam a imprudência a ponto de contar publicamente e sem corar, como se fora uma coisa sem consequências, que nos seus ministérios nada mudou! Fraseologia revolucionário-democrática para enganar os camponeses ingênuos e a morosidade burocrática para agradar os capitalistas, eis o fundo da "leal" coligação ministerial.

Esse parlamentarismo venal e putrefato da sociedade burguesa, a Comuna o substitui por instituições nas quais a liberdade de discussão e de exame não degenera em intrujice; os próprios mandatários devem trabalhar e eles mesmos fazer executar as suas leis, verificar os resultados obtidos e responder diretamente perante os seus eleitores. As instituições representativas são mantidas, mas já não há parlamentarismo como sistema especial, como divisão do trabalho legislativo e executivo, como situação privilegiada para os deputados. Não podemos fazer ideia de uma democracia, mesmo proletária, sem instituições representativas, mas podemos e devemos realizá-la sem parlamentarismo, se a crítica à sociedade burguesa não é, pelo menos para nós, uma palavra vã, se o nosso esforço para derrubar a dominação da burguesia é um esforço honesto e sincero e não uma expressão "eleitoral", destinada simplesmente a surripiar os votos dos operários, como sucede com os mencheviques e os socialistas-revolucionários, como sucede com os Scheidemann e os Legien, os Sembat e os Vandervelde.

É muito edificante ver que Marx, falando do gênero de administração que é necessário à Comuna e à democracia proletária, toma como termo de comparação os funcionários de "qualquer outro patrão", isto é, uma empresa capitalista comum, com os seus operários, contramestres e guarda-livros".

O estado e a revolução

Não há a menor parcela de utopismo em Marx. Ele não inventa, não imagina, já prontinha, uma sociedade "nova". Não, ele estuda, como um processo de história natural, a gênese da nova sociedade saída da antiga, as formas intermediárias entre uma e outra. Baseia-se na experiência do movimento proletário e esforça-se por tirar dela lições práticas. "Vai à escola" da Comuna, como todos os grandes pensadores revolucionários que não hesitaram em entrar na escola dos grandes movimentos da classe oprimida, em lugar de pregar a esta uma "moral" pedante, como faz Plekhanov, quando diz: "Não deviam pegar em armas!", ou Tseretelli, quando diz: "Uma classe deve saber, por si mesma, limitar suas aspirações".

Não se trata de aniquilar a burocracia de uma só vez, até o fim e por toda parte. Eis onde estaria a utopia. Mas destruir sem demora a velha máquina administrativa, para começar imediatamente a construir uma nova, que permita suprimir gradualmente a burocracia; isso não é uma utopia, é a experiência da Comuna, é a tarefa primordial e imediata do proletariado revolucionário.

O socialismo simplifica as funções da administração do "Estado", permite que se suprima a "hierarquia", reduzindo tudo a uma organização dos proletários em classe dominante, que empregue, por conta da sociedade inteira, operários, contramestres e guarda-livros.

Não somos utopistas. Nunca "sonhamos" poder dispensar bruscamente, de um dia para outro, toda e qualquer administração, toda e qualquer subordinação; isso são sonhos anarquistas resultantes da incompreensão do papel da ditadura proletária, sonhos que nada têm de comum com o marxismo e que na realidade não servem senão para adiar a revolução socialista até que os homens venham a ser de outra essência. Não, nós queremos a revolução socialista com os homens tais como são hoje, não podendo dispensar nem a subordinação, nem o controle, nem os "contramestres", nem os "guarda-livros".

Mas é à vanguarda armada de todos os explorados e de todos os trabalhadores, é ao proletariado que eles devem subordinar-se. Pode-se e deve-se começar, imediatamente, de um dia para o outro, a substituir a "hierarquia" específica dos funcionários por simples cargos de "contramestres" e "guarda-livros", cargos já agora inteiramente acessíveis à população urbana, dado o grau do seu desenvolvimento geral, e fáceis de desempenhar "mediante um salário operário".

Organizemos a grande indústria, segundo os modelos que o capitalismo oferece. Organizemo-la nós mesmos, operários, seguros de nossa experiência operária, impondo uma disciplina rigorosa, uma disciplina de ferro, mantida pelo poder político dos trabalhadores armados; reduzamos os funcionários ao papel de simples executores da nossa vontade, responsáveis e amovíveis, ao papel de "contramestres" e "guarda-livros" modestamente pagos (conservando, evidentemente, os técnicos e especialistas de toda espécie e categoria); tal é a nossa tarefa proletária, tal é o modo por que deve começar a revolução proletária. Esse programa, aplicado na base da grande produção, acarreta por si mesmo o "definhamento" progressivo de toda a burocracia, o estabelecimento gradual de um regime inteiramente diferente da escravidão do assalariado, um regime no qual as funções, cada vez mais simplificadas, de fiscalização e contabilidade serão desempenhadas por todos, cada qual por seu turno, tornando-se depois um reflexo para, finalmente, desaparecer, na qualidade de funções especiais de uma categoria especial de indivíduos.

O estado e a revolução

Mais ou menos em 1870, um espirituoso social-democrata alemão considerava o correio como um modelo de instituição socialista. Nada mais justo. Atualmente, o correio é uma administração organizada, segundo o tipo do monopólio de Estado capitalista. O imperialismo transforma, pouco a pouco, todos os trustes em organizações do mesmo tipo. Os "simples" trabalhadores, famintos e sobrecarregados de trabalho, continuam submetidos à burocracia burguesa. Mas o mecanismo da empresa social está pronto. Uma vez derrubados os capitalistas, uma vez quebrada, pela mão de ferro dos operários armados, a resistência dos seus exploradores, uma vez demolida a máquina burocrática do Estado atual, estaremos diante de um mecanismo admiravelmente aperfeiçoado, livre do "parasita", e que os próprios trabalhadores, unidos, podem muito bem pôr em funcionamento, contratando técnicos, contramestres e guarda-livros e pagando-lhes, a todos, pelo seu trabalho, como a todos os funcionários "públicos" em geral, um salário de operário. Eis a tarefa concreta, prática, imediatamente realizável em relação a todos os trustes, destinada a libertar da exploração os trabalhadores; esta tarefa já foi iniciada praticamente, no domínio governamental, pela Comuna de Paris. Devemos levar em conta essa experiência.

Toda a vida econômica organizada à maneira do correio, na qual os técnicos, os fiscais e os guarda-livros, todos os funcionários receberão um vencimento que não exceda o salário de um operário, sob a direção e o controle do proletariado armado – eis o nosso objetivo imediato. Eis o Estado, eis a base econômica de que necessitamos. Eis o que aniquilará o parlamentarismo, mantendo, no entanto, as instituições representativas; eis o que fará dessas instituições, atualmente prostituídas à burguesia, instituições a serviço das classes trabalhadoras.

4. Organização da unidade nacional

> Num esboço de organização nacional que a Assembleia parisiense, toda entregue às necessidades da luta, não teve tempo de desenvolver, determinou-se que a Comuna deveria ser a forma política de todas as aldeias, mesmo as menores [...]

A "delegação nacional de Paris" seria eleita pelas Comunas.

> As funções, pouco numerosas, mas muito importantes, que ainda restariam para um governo central, não seriam suprimidas, como se disse erroneamente, mas, sim, preenchidas por agentes comunais e, por conseguinte, rigorosamente responsáveis.

> A unidade da nação não devia ser destruída, mas, ao contrário, organizada, segundo a constituição comunal, e tornar-se uma realidade pela destruição do poder central, que pretendia ser a própria encarnação dessa unidade, independente da nação – da qual é apenas uma excrescência parasitária – e a ela superior. Ao mesmo tempo em que se amputavam os órgãos puramente repressivos do velho poder governamental, arrancavam-se suas funções a uma autoridade que usurpava a uma posição superior e se colocava acima da sociedade, para entregá-las aos agentes responsáveis da própria sociedade.

Até que ponto os oportunistas da social-democracia contemporânea não compreenderam ou, melhor dizendo, não quiseram compreender essa demonstração de Marx, não há prova melhor do que o livro do renegado Bernstein, *Socialismo teórico e social-democracia prática*, com que ele adquiriu uma celebridade do mesmo quilate que a de Eróstrato. Precisamente a propósito dessa passagem de Marx, escreve Bernstein que aí se encontra:

> a exposição de um programa que, em suas tendências políticas, se assemelha de modo notável ao federalismo – e mais adiante – enfim, apesar de todas as outras dessemelhanças entre Marx e o 'pequeno-burguês' Proudhon – Bernstein escreve 'pequeno-burguês' entre aspas, por ironia – a maneira de ver de ambos, a esse respeito, é quase idêntica.

O estado e a revolução

> Sem dúvida – continua Bernstein –, a importância das municipalidades aumenta, mas parece-me duvidoso que o primeiro objetivo da democracia seja a dissolução (*Auflosung*) dos Estados modernos e uma metamorfose (*Umwandlung*) tão completa de sua estrutura como a imaginam Marx e Proudhon: formação de uma assembleia nacional de delegados das assembleias estaduais ou municipais, que, por sua vez, se comporiam de delegados das comunas, de sorte que as representações nacionais, na sua forma atual, desapareciam por completo.

É simplesmente monstruoso! Assimilar ideias de Marx sobre o aniquilamento do poder do Estado "parasita" com o federalismo de Proudhon! Mas, isso não se dá por inadvertência, pois nem mesmo ocorre à ideia do oportunista, que Marx trata aqui, não do federalismo em oposição ao centralismo, mas sim da demolição da velha máquina de Estado burguesa existente em todos os países burgueses.

O oportunista não pode fazer ideia senão do que vê em torno de si, no seu meio burguês de estagnação "reformista", como as "municipalidades"! Quanto à revolução do proletariado, ele já nem mesmo pensa nisso.

É ridículo. Mas, o mais curioso é que, nesse ponto, ninguém contraditou Bernstein. Muitos o refutaram, entre outros Plekhanov na Rússia e Kautsky na Europa ocidental, mas nem um nem outro notou essa deformação de Marx por Bernstein.

O oportunista anda tão esquecido de pensar revolucionariamente e de pensar na revolução, que vê "federalismo" em Marx, assim confundido com o fundador do anarquismo, Proudhon. E Kautsky, e Plekhanov, que pretendem ser marxistas ortodoxos e defender o marxismo revolucionário, calam-se! Eis uma das razões dessa extrema indigência de visão, comum aos kautskistas e oportunistas, sobre a diferença entre o marxismo e o anarquismo. Mas voltaremos ao assunto.

Nos comentários já citados de Marx sobre a experiência da Comuna, não há nem sombra de federalismo. Marx está de acordo com Proudhon precisamente num ponto que o oportunista Bernstein não vê; Marx afasta-se de Proudhon justamente ali onde Bernstein os vê de acordo. Marx está de acordo com Proudhon no fato de ambos serem pela "demolição" da máquina contemporânea do Estado. Essa analogia entre o marxismo e o anarquismo – o de Proudhon e de Bakunin – nem os oportunistas nem os kautskistas a querem ver, pois que, nesse ponto, eles mesmos se desviaram do marxismo.

Marx afasta-se, ao mesmo tempo, de Proudhon e de Bakunin precisamente na questão do federalismo (não falando na ditadura do proletariado). O federalismo deriva, em princípio, do ponto de vista pequeno-burguês do anarquismo. Marx é centralista, e, em todas as passagens dele citadas, não se pode encontrar a menor infidelidade ao centralismo. Só as pessoas imbuídas de uma "fé supersticiosa" no Estado é que podem tomar a destruição da máquina burguesa como destruição do centralismo.

Ora, se o proletariado e os camponeses mais pobres se apossam do poder político, organizando-se livremente em comum e coordenando a ação de todas as comunas para ferir o capital, destruir a resistência dos capitalistas, restituir a toda a nação, à sociedade inteira, a propriedade privada das estradas de ferro, das fábricas, da terra etc., não será isso centralismo? Não será isso o centralismo democrático mais lógico e, ainda melhor, um centralismo proletário?

Bernstein não concebe um centralismo voluntário, uma união voluntária das comunas em nação, uma fusão voluntária das comunas proletárias com o fito de destruir a domi-

O estado e a revolução

nação burguesa e a máquina de Estado burguesa. Bernstein, como bom filisteu, imagina o centralismo como qualquer coisa que, vinda de cima, só pode ser imposta e mantida pela burocracia e pelo militarismo.

Como prevendo que poderiam deturpar a sua doutrina, Marx acentua que é cometer conscientemente uma fraude acusar a Comuna de ter querido destruir a unidade da nação e suprimir o poder central. Marx emprega intencionalmente esta expressão: "organizar a unidade da nação", para opor o centralismo proletário, consciente, democrático, ao centralismo burguês, militar, burocrático.

Mas não há pior surdo do que o que não quer ouvir. Os oportunistas da social-democracia contemporânea não querem ouvir falar nem de destruir o poder do Estado nem de eliminar o parasita.

5. Destruição do Estado parasita

Já citamos Marx a este respeito. Só resta completar as citações.

> É sorte, em geral, de as criações históricas inteiramente novas serem tomadas, erroneamente, por cópias de outras formas mais antigas e até extintas da vida social, com as quais podem ter certas semelhanças. Assim, nessa nova Comuna que destrói (*bricht*) o poder do Estado, se quis ver a reprodução das comunas da Idade Média, uma federação de pequenos Estados, conforme o sonho de Montesquieu e dos girondinos, uma forma exagerada da antiga luta contra os abusos da centralização [...]

> Na realidade, a constituição comunal teria restituído ao corpo social todas as forças até então absorvidas pelo Estado, parasita que se nutre da substância da sociedade e paralisa o seu livre movimento. Esse fato bastaria, por si só, para torná-la um ponto de partida da regeneração da França [...]

Na realidade, a constituição comunal colocava os produtores rurais sob a direção intelectual das capitais distritais, onde ela lhes daria, na pessoa dos operários, os guardiões naturais de seus interesses. A própria existência da Comuna implicava naturalmente na liberdade municipal; mas isso, não mais como controle do poder central, desde então suprimido.

"Destruição do poder central", essa "excrescência parasitária", "amputação", "demolição" desse poder central, "tornado agora supérfluo" – eis em que termos Marx fala do Estado, julgando e analisando a experiência da Comuna.

Há cerca de 50 anos que tudo isso foi escrito, e agora é quase necessário proceder a escavações para redescobrir e apresentar à consciência das massas esse marxismo genuíno. As conclusões tiradas por Marx da última grande revolução de seu tempo foram esquecidas justamente no momento das grandes revoluções modernas do proletariado.

A multiplicidade de interpretações a que a Comuna deu lugar e a multiplicidade de interesses que nela encontraram expressão provam que foi uma forma política inteiramente expansiva quando as formas anteriores eram expressamente repressivas. Eis o verdadeiro segredo: era ela, acima de tudo, um governo da classe operária; o resultado da luta entre a classe que produz e a classe que se apropria do produto daquela; a forma política, enfim encontrada, sob a qual era possível realizar-se a emancipação do trabalho.

Sem essa última condição, a constituição comunal teria sido uma impossibilidade e um logro.

Alguns utopistas têm-se preocupado em "pesquisar" as formas políticas sob as quais deverá produzir-se a transformação socialista da sociedade. Os anarquistas afastaram a questão das formas políticas em geral. Os oportunistas e a social-democracia contemporânea aceitaram as formas políticas burguesas do Estado democrático parlamentar como um limite intransponível; quebraram a cabeça de tanto se prosternar diante desse "santo dos santos" e taxaram de anarquismo todas as tentativas de destruí-lo.

De toda a história do socialismo e da luta política, Marx concluiu que o Estado está condenado a desaparecer, e que a forma transitória do Estado em vias de desaparecimento, a forma de transição do Estado para a ausência do Estado, será o "proletariado organizado como classe dominante". Quanto às formas políticas do futuro, Marx não se aventurou a descobri-las. Limitou-se à observação exata, à análise da história francesa e à conclusão que sobressaía do ano de 1851, isto é, que caminhamos para a destruição da máquina de Estado burguesa.

Quando o movimento revolucionário do proletariado surgiu em grande escala, apesar do seu insucesso, de sua efêmera existência e de sua espantosa fraqueza, Marx pôs-se a estudar as formas políticas que se tinham revelado.

A Comuna é a forma, "enfim encontrada" pela revolução proletária, sob a qual se efetuará a emancipação econômica do trabalho.

A Comuna é a primeira tentativa da revolução proletária de demolir a máquina de Estado burguesa; é a forma política, "enfim encontrada", que pode e deve substituir o que foi demolido.

Mais adiante, veremos que as revoluções russas de 1905 e 1917, num quadro diferente e em outras condições, não fazem senão continuar a obra da Comuna, confirmando a genial análise histórica de Marx.

Assembleia dos artistas[1]

Ontem [14 de abril], às duas horas, teve lugar, no grande anfiteatro da Faculdade de Medicina, a reunião de artistas convocada pelo Sr. Courbet, com autorização da Comuna. A sala estava lotada e todas as artes estavam amplamente representadas. Entre os pintores, destacamos os senhores Feyen-Perrin, Héreau, e os senhores Moulin e Delaplanche, entre os escultores; a caricatura enviou Bertall, a gravura, o Sr. Michelin, a crítica, o Sr. Philippe Burty. Muitos arquitetos e ornamentalistas. Uma assembleia de mais de 400 pessoas.

O Sr. Courbet presidiu, assistido pelos senhores Moulin e Pottier. Este último leu, inicialmente, um relatório elaborado e redigido por uma comissão preparatória. Este documento, muito interessante, continha considerações verdadeiramente elevadas a respeito das necessidades e destinos da arte contemporânea.

---

[1] Publicado originalmente no *Journal officiel de la Commune de Paris*, n. 105, partie non officielle, 15 abril de 1871. Tradução: Sieni Campos.

Assembleia dos artistas

Confiar apenas aos artistas a gestão de seus próprios interesses.

Esta é a ideia que parece dominar o espírito do relatório da subcomissão. Trata-se de criar uma uma federação dos artistas de Paris, incluindo neste título todos aqueles que expõem suas obras em Paris.

Federação dos Artistas de Paris

Os artistas de Paris que aderem aos princípios da República Comunal constituem-se em federação.

Esta união de todas as inteligências artísticas terá como bases:

"A livre expansão da arte, desembaraçada de toda tutela governamental e de todos os privilégios."

"A igualdade de direitos entre todos os membros da federação."

"A independência e a dignidade de cada artista protegidas pela criação de um comitê eleito por sufrágio universal dos artistas." Este comitê fortalece os laços de solidariedade e realiza a unidade de ação.

Constituição do comitê

O comitê é composto por 47 membros que representam as diversas competências, a saber:

- 16 pintores;

Assembleia dos artistas

- 10 escultores;
- 5 arquitetos;
- 6 gravadores;
- 10 membros representando a arte decorativa, impropriamente chamada de arte industrial.

São nomeados por voto secreto.

Têm direito de participar da votação os cidadãos e cidadãs que possam provar sua condição de artistas por meio da notoriedade de seu trabalho, de um cartão de expositor ou de um certificado escrito de dois artistas que os apoiem.

Os membros do comitê são eleitos por um ano.

Ao final do mandato, 15 membros, designados por votação secreta do comitê, permanecerão no cargo no ano seguinte, enquanto os demais 32 serão substituídos.

Os membros cessantes só podem ser reeleitos após um intervalo de um ano.

Pode-se exercer o direito de revogação contra um membro que não cumpra seu mandato. Esta revogação só pode ser pronunciada um mês após sua solicitação e caso seja aprovada em assembleia geral por maioria de dois terços dos votantes.

Determinação do mandato

Este governo do mundo das artes pelos artistas tem como missão:

- A preservação dos tesouros do passado;
- A implementação e o destaque de todos os elementos do presente;
- A regeneração do futuro por meio da educação.

Monumentos, Museus

Os monumentos, do ponto de vista artístico, os museus e estabelecimentos de Paris que encerram galerias, coleções e bibliotecas de obras de arte e não pertencentes a indivíduos são confiados à conservação e à supervisão administrativa do comitê.

Ele elabora, conserva, retifica e completa seus planos, inventários, repertórios e catálogos.

Ele os põe à disposição do público para incentivar o estudo e satisfazer a curiosidade dos visitantes.

Ele observa o estado de conservação dos edifícios, assinala as reparações urgentes e apresenta à Comuna um relatório frequente das obras.

Após examinar sua capacidade e investigar sua moralidade, o Comitê nomeia administradores, secretário, arquivistas e guardiões para atender às necessidades de serviço desses estabelecimentos e para as exposições, das quais falaremos a seguir.

Exposições

O comitê organiza as exposições comunais, nacionais e internacionais realizadas em Paris.

No caso das exposições nacionais ou internacionais que não têm lugar em Paris, delega o encargo a uma comissão encarregada dos interesses dos artistas parisienses.

São aceitas apenas obras assinadas por seus autores, criações originais ou traduções de uma arte em outra, tais como a gravura traduzindo a pintura etc.

Assembleia dos artistas

Rejeita absolutamente qualquer exposição mercantil que tenda a substituir o nome do verdadeiro criador pelo do editor ou do fabricante.

Nenhuma recompensa é concedida.

Os trabalhos ordinários encomendados pela Comuna são distribuídos entre os artistas designados por votação de todos os expositores.

Os trabalhos extraordinários são atribuídos por concurso.

Ensino

O comitê supervisiona o ensino do desenho e da modelagem nas escolas comunais primárias e profissionais, cujos professores são nomeados por concurso; promove a introdução de métodos atraentes e lógicos, chancela os modelos e designa os indivíduos nos quais se revela um gênio superior e cujos estudos devem ser completados às custas da Comuna.

Ele suscita e incentiva a construção de amplas salas para o ensino superior, para conferências sobre estética, história e filosofia da arte.

Divulgação

Será criado um órgão de divulgação intitulado: *Officiel des arts* (*Oficial das artes*).

Esta revista publicará, sob o controle e a responsabilidade do comitê, fatos relativos ao mundo da arte e informações úteis aos artistas.

Publicará os relatórios dos trabalhos do comitê, as atas de suas reuniões, o orçamento com receitas e despesas e todo o trabalho estatístico que lança luz e prepara a ordem.

Sua parte literária, dedicada a dissertações sobre estética, será um campo neutro aberto a todas as opiniões e sistemas.

Progressista, independente, digno e sincero, o *Officiel des arts* será a prova mais séria de nossa regeneração.

Arbitragem

Em todos os litígios relativos às artes, o Comitê, a pedido das partes interessadas, sejam estas artistas ou outros, designará árbitros conciliadores.

Em questões de princípio e interesse geral, o comitê se constituirá como conselho arbitral e suas decisões serão publicadas no *Officiel des arts*.

Iniciativa individual

O comitê convida todos os cidadãos a comunicar-lhe qualquer proposta, projeto, memória ou parecer cujo objetivo seja o progresso da arte, a emancipação moral ou intelectual dos artistas ou a melhora material de sua sorte.

Ele se reporta à Comuna e empresta seu apoio moral e sua colaboração a tudo que considera praticável.

Por meio da divulgação destas propostas no *Officiel des arts*, ele conclama a opinião pública a sancionar todas as tentativas de progresso.

Finalmente, por meio da palavra, da pena, do lápis, da reprodução popular das obras-primas, da imagem inteligente e moralizadora que pode ser difundida em profusão e afixada nas prefeituras das mais humildes comunas da França, o comitê contribuirá para nossa regeneração, para a inauguração do luxo comunal e para os esplendores do futuro e da República universal.

  G. Courbet, Moulinet, Stephen Martin, Alexandre Jousse, Roszezench, Trichon, Dalou, Jules Héreau, C. Chabert, H. Dubois, A. Faleynière, Eugène Pottier, Perrin, A. Mouilliard.

★

Resolução[1]
Bertolt Brecht

1.
Tendo em vista nossa fraqueza foram feitas
Suas leis para nos avassalar
As leis não mais serão aceitas
Visto que a vida de vassalo não dá para aturar.
    Tendo em vista que vocês nos ameaçam
    Com fuzil e com canhão de grande porte
    Hoje ficou decidido: temer mais a miséria
    Do que a morte.

2.
Tendo em vista que continuaremos com fome
Se deixarmos que sigam nos roubando

---

[1] O poema tem como referência as resoluções dos revolucionários da Comuna de Paris (1871). O texto integra a peça *Os Dias da Comuna* (*Die Tage der Kommune*) e também foi recolhido no livro *Poemas de Svendborg* (*Svendborger Gedichte*). Cf. BRECHT, Bertolt; *Grosse kommentierte Berliner und Frankfurter Ausgabe* V.8, pp.269-270 e V.12, pp. 27-28, respectivamente. Tradução: Pedro Mantovani e José Antonio Pasta Jr.

Mostraremos que somente uma vitrine
Nos separa do bom pão que está faltando.
>
> Tendo em vista que vocês nos ameaçam
> Com fuzil e com canhão de grande porte
> Hoje ficou decidido: temer mais a miséria
> Do que a morte.

3.

Tendo em vista que aí estão casas e terrenos
E vocês nos deixam sem ter onde morar
Decidimos que os ocuparemos
Porque em nossos barracos não dá mais para ficar.
>
> Tendo em vista que vocês nos ameaçam
> Com fuzil e com canhão de grande porte
> Hoje ficou decidido: temer mais a miséria
> Do que a morte.

4.

Tendo em vista que há carvão de sobra
Enquanto sem carvão nos congelamos
Decidimos tomá-lo sem demora
Visto que assim desde já nos esquentamos.
>
> Tendo em vista que vocês nos ameaçam
> Com fuzil e com canhão de grande porte

Hoje ficou decidido: temer mais a miséria
Do que a morte.

5.

Tendo em vista que vocês jamais irão
Nos pagar um salário decente
As fábricas ficam sob nossa direção
Visto que assim vamos ganhar o suficiente.
Tendo em vista que vocês nos ameaçam
Com fuzil e com canhão de grande porte
Hoje ficou decidido: temer mais a miséria
Do que a morte.

6.

Tendo em vista que aqui ninguém confia
No que sempre promete o governo
Decidimos melhorar a nossa vida
E governar a nós mesmos.
Tendo em vista que o canhão vocês escutam
– Só essa língua são capazes de entender –
Nós devemos, sim, façamos de uma vez!
Voltar o canhão contra vocês!

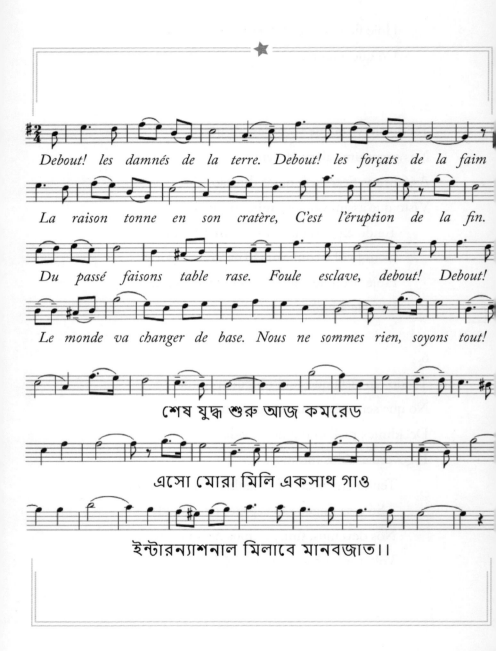